建筑信息模型(BIM)技术在隧道工程中的研究与应用

王欣南　白　宇　著

刘东升　主审

人民交通出版社股份有限公司

北　京

内 容 提 要

我国交通基础设施建设已进入高质量发展时期，以建筑信息模型（BIM）为代表的数字化技术，正逐渐成为新时代实现隧道工程高质量发展的重要手段。本书全面阐述了 BIM 技术在隧道工程行业的基础技术及相关标准，并介绍了典型实践案例。主要内容包括国内外相关研究现状与问题分析、模型创建、工程信息建立与质量管控、模数融合与跨阶段传递、BIM 标准体系分析、公路行业标准解读、隧道工程 BIM 应用案例与总结等。

本书可供从事 BIM 或工程数字化研究，隧道工程设计、施工等工程技术人员，以及高等院校相关专业教师和研究生学习参考。

图书在版编目（CIP）数据

建筑信息模型（BIM）技术在隧道工程中的研究与应用 / 王欣南，白宇著. — 北京：人民交通出版社股份有限公司，2023.12
ISBN 978-7-114-19032-2

Ⅰ.①建⋯ Ⅱ.①王⋯②白⋯ Ⅲ.①隧道工程—计算机辅助设计—应用软件 Ⅳ.①U45-39

中国国家版本馆 CIP 数据核字（2023）第 190094 号

Jianzhu Xinxi Moxing (BIM) Jishu zai Suidao Gongcheng zhong de Yanjiu yu Yingyong

书　　名：	建筑信息模型（BIM）技术在隧道工程中的研究与应用
著 作 者：	王欣南　白　宇
责任编辑：	李　沛　师静圆
责任校对：	赵媛媛　魏佳宁
责任印制：	张　凯
出版发行：	人民交通出版社股份有限公司
地　　址：	（100011）北京市朝阳区安定门外外馆斜街 3 号
网　　址：	http://www.ccpcl.com.cn
销售电话：	（010）59757973
总 经 销：	人民交通出版社股份有限公司发行部
经　　销：	各地新华书店
印　　刷：	北京市密东印刷有限公司
开　　本：	787×1092　1/16
印　　张：	7.75
字　　数：	172 千
版　　次：	2023 年 12 月　第 1 版
印　　次：	2023 年 12 月　第 1 次印刷
书　　号：	ISBN 978-7-114-19032-2
定　　价：	60.00 元

（有印刷、装订质量问题的图书，由本公司负责调换）

前言 PREFACE

建筑信息模型(BIM)技术是一种应用于工程设计建造与运维的数字化工具,是以工程项目各阶段海量信息数据为基础建立的参数化模型,在项目全生命期进行信息共享和传递,并据之做出正确理解和高效应对,以实现工程参建各方的协同工作。随着信息化和数字化技术的发展,BIM技术的应用正引发一场工程界的重大变革。大力推动BIM技术的研究和应用,将有效提升隧道工程信息化和标准化水平,加快实现隧道工程规划、设计、制造、施工、运营、维护全生命期的数字化、智能化,提高隧道工程建管养质量和安全性,促进建设、养护、管理和运输服务协调发展,驱动交通运输行业产业转型升级,提升企业核心竞争力,践行《数字交通"十四五"发展规划》战略。

本书通过对国际、国内BIM技术的调研和对比,全面分析了我国交通基础设施领域隧道工程BIM技术研发与应用的现状、发展趋势和存在的问题,从BIM基础技术、隧道工程BIM标准等方面进行了研究,并给出了隧道工程BIM应用案例,可供相关工程技术人员参考借鉴。

本书编写工作历时两年多,得到了中交第二公路勘察设计研究院有限公司金思路科技分公司、中国交建隧道与地下空间工程技术研发中心、湖北省隧道与地下空间工程技术研发中心、交通运输部BIM技术应用交通运输行业研发中心(中国交建)、中交集团公路工程BIM分中心(二公院)等的大力支持与帮助,在此表示衷心感谢。

本书编写过程中,调研的范围有限,同时受编写人员的知识结构及经验所限,疏漏和错误之处在所难免,欢迎广大读者提出宝贵意见,以便本书再版时修改和完善。

作　者
2023年8月

目录

第1章 概述 ·· 1
　1.1 研究背景 ·· 1
　1.2 国内外研究现状 ·· 3
　1.3 BIM 技术在隧道工程行业发展现状 ·· 4

第2章 BIM 基础技术研究 ··· 9
　2.1 BIM 基本概念 ··· 9
　2.2 模型创建研究 ·· 10
　2.3 工程信息建立与质量管控 ··· 25
　2.4 模数融合及跨阶段传递 ··· 30

第3章 隧道工程 BIM 标准研究 ·· 33
　3.1 BIM 标准体系研究 ·· 33
　3.2 行业标准解读 ·· 43

第4章 隧道工程 BIM 应用案例 ·· 62
　4.1 厦门市轨道交通 1 号线一期工程 ··· 62
　4.2 厦门海沧隧道工程 ··· 68
　4.3 港珠澳大桥珠海连接线拱北隧道工程 ···································· 71
　4.4 西成铁路清凉山隧道工程 ··· 76
　4.5 建宁西路过江通道一期工程 ·· 77
　4.6 同安进出岛通道工程 ·· 82
　4.7 天山胜利隧道工程 ··· 86
　4.8 隧道工程 BIM 技术应用总结 ··· 93

第5章 展望 ··· 111
参考文献 ·· 113

第1章 概述

1.1 研究背景

党中央将"交通强国""数字中国"再一次写入党的二十大报告,并将其列为建设现代化产业体系的重要战略举措。交通运输是经济社会发展的"先行官",交通的发展已由追求速度与规模转变为注重质量与效益,加快建设交通强国、持续探索数字技术创新能力、积极布局交通新基建、加速构建交通发展新格局,是新时代赋予我们每个交通人的使命和责任。

建筑信息模型(Building Information Modeling,BIM)技术作为公路工程数字化转型发展的重要抓手和切入点,自2017年交通运输部发布《交通运输部办公厅关于推进公路水运工程BIM技术应用的指导意见》(交办公路〔2017〕205号)以来,得到了高速发展。近年来,国家持续发布相关政策,助力行业数字化转型,大力推动产业升级与数字经济发展。公路工程BIM与数字化相关政策见表1-1。

公路工程BIM与数字化相关政策　　　　　　　　　　　　表1-1

时间	发布单位	文件名称	BIM与数字化发展要求
2017年9月	交通运输部	交通运输部办公厅关于开展公路BIM技术应用示范工程建设的通知	为贯彻落实《交通运输信息化"十三五"发展规划》,发挥现代信息技术在工程管理中的作用,交通运输部决定开展公路BIM技术应用示范工程建设
2018年3月	交通运输部	交通运输部办公厅关于推进公路水运工程BIM技术应用的指导意见	为提升公路水运工程建设品质,落实全生命期管理理念,经交通运输部同意,决定在公路水运工程中大力推进BIM技术的应用
2019年7月	交通运输部	数字交通发展规划纲要	数字交通是数字经济发展的重要领域,是以数据为关键要素和核心驱动,促进物理和虚拟空间的交通运输活动不断融合、交互作用的现代交通运输体系
2019年9月	中共中央、国务院	交通强国建设纲要	推动大数据、互联网、人工智能、区块链、超级计算等新技术与交通行业深度融合。推进数据资源赋能交通发展,加速交通基础设施网、运输服务网、能源网与信息网络融合发展,构建泛在先进的交通信息基础设施

续上表

时间	发布单位	文件名称	BIM 与数字化发展要求
2020年8月	交通运输部	交通运输部关于推动交通运输领域新型基础设施建设的指导意见	推动交通基础设施数字转型、智能升级,建设便捷顺畅、经济高效、绿色集约、智能先进、安全可靠的交通运输领域新型基础设施
2021年2月	中共中央、国务院	国家综合立体交通网规划纲要	推动交通行业深度融合,推进交通基础设施数字化、网联化,打造多维监测、精准管控、协同服务,2035年实现交通基础设施数字化率达90%
2021年3月	国务院	中华人民共和国国民经济和社会发展第十四个五年规划和2035年远景目标纲要	进一步明确"数字经济""数字产业集群""数据资源"等概念,数字化经济性进一步放大,数字经济将与实体经济深度融合
2021年9月	交通运输部	交通运输领域新型基础设施建设行动方案(2021—2025年)	推动交通运输高质量发展,加快建设交通强国,以数字化、网络化、智能化为主线,组织推动一批交通新基建重点工程,打造有影响力的交通新基建样板,营造创新发展环境,以点带面推动新基建发展
2021年12月	交通运输部	数字交通"十四五"发展规划	以数字化、网络化、智能化为主线,以改革创新为根本动力,以先进信息技术赋能交通运输发展,强化交通数字治理,统筹布局交通新基建,推动运输服务智能化,培育产业创新发展生态,为加快建设交通强国提供有力支撑
2022年1月	交通运输部	公路"十四五"发展规划	推动建筑信息模型、路网感知网络与公路基础设施同步规划建设,加快公路基础设施数字化改造,推进公路基础设施全要素、全周期数字化转型发展,加强重点基础设施关键信息的主动安全预警
2023年2月	中共中央、国务院	数字中国建设整体布局规划	夯实数字基础设施和数据资源体系"两大基础",推进数字技术与经济、政治、文化、社会、生态文明建设"五位一体"深度融合,强化数字技术创新体系和数字安全屏障"两大能力",优化数字化发展国内国际"两个环境"

  以 BIM 为典型代表的数字技术,正逐渐成为新时代实现公路行业高质量发展的重要手段。中交第二公路勘察设计研究院有限公司(简称"中交二公院")于 2016 年成立 BIM 应用与推广中心,并于同年 12 月被认定为"中国交建 BIM 技术应用研发中心",2017 年 10 月被认定为"交通运输部 BIM 技术应用交通运输行业研发中心",2022 年成为"中交集团公路工程 BIM 分中心(二公院)"。中交二公院曾承担了首批"BIM 技术应用示范工程"五个示范项目中的两个,参编了三部交通运输部首批公路工程行业 BIM 标准。

  中交二公院作为勘察设计企业,在 BIM 技术研发与推广应用过程中,始终注重发挥在工程全生命期中的"龙头"作用,积极探索 BIM 与公路业务深度融合的技术路径,依托传统"金思路"品牌数字化设计系列软件,构建了公路工程数字化建设、数字化应用、数字化集成交付的总体发展战略,并利用 BIM 技术探索重塑业务流程,在工程的勘测、设计、数字应用、汇报决策、跨阶段数字化交付等过程中确立了开展 BIM 应用的时机与方法,形成了立足于勘察设计、服务于全生命期的成套解决方案,BIM 技术的应用效果与价值得到初步显现。

1.2 国内外研究现状

1.2.1 国外 BIM 技术应用发展现状

国际上,美国、英国、日本、澳大利亚、韩国等发达国家先于我国将 BIM 技术的推动提升到国家层面,并为 BIM 的推广应用确立了明确时间表,建立了比较成熟的 BIM 标准,BIM 已成为设计和施工单位承接项目必备能力之一,许多大型企业已经具备了 BIM 技术应用的能力。

英国作为全球 BIM 技术研发与应用领先的国家之一,截至 2021 年底,有大约 71% 的建筑从业人员已经在他们所从事的工作中使用 BIM 技术,主要集中在设计阶段,采用率高达 75%,但在小型设计机构中采用 BIM 技术的占比则相对较小,约占 55%。各参与方对 BIM 技术的意义与认知更加广泛和深刻,有 41% 的使用者会遵守英国标准协会发布的建筑信息模型信息管理运营阶段规范(BS/PAS 1192 系列标准),有约 30% 的使用者会遵循建筑和土木工程信息的组织和数字化,包括 BIM 的系列标准(即 ISO 19650 系列标准),有超过一半的人在实际工作过程中开展了 BIM 执行计划编制、通用数据环境构建、信息标准制定、信息交换等工作,在数据交换方面,有一半左右的人执行工业基础类(Industry Foundation Classes,IFC)标准,有 31% 的人采用建筑运营信息交换标准(Construction Operation Building information exchange,COBie)。

在美国、日本、澳大利亚等其他国家,云计算、协同工作与 BIM 技术深度融合,常用的通用数据环境包括 Autodesk 建筑云、Aconex、Asite 和 Viewpoint 等。此外,会使用 BIM + 增强现实技术(Augmented Reality,AR)/虚拟现实技术(Virtual Reality,VR)技术在一些项目中增强"漫游"效果;随着 BIM 技术的发展,建筑业的标准化和构件化生产模式取得了一定的进步,数字孪生技术也随着 BIM 技术的不断进步得到了从业者的重点关注,在一些项目中会使用施工移交的模型数据,与已建资产的实时感知数据进行融合,创建得到物理实体的数字孪生体。

由此可见,国外 BIM 技术的发展注重数字技术融合应用及信息的全生命期管理,致力于利用 BIM 技术创建一个更好的建筑环境,促进建筑业可持续发展。在这个过程中,英国 BIM 联盟、英国标准协会、国际标准化组织(International Organization for Standardization,ISO)等实施的相关标准起到了重要作用,促进了数据的交换和传递,使依托 BIM 的数字技术应用有了更大的潜力。

1.2.2 国内 BIM 技术应用发展现状

在国内,早在 2007 年 11 月中国勘察设计协会就主办了"全国勘察设计行业信息化发展技术交流论坛",首次在全国性的行业会议上讨论了 BIM 技术在工程建设领域中的革新作用。

随着国内工程信息化程度的不断深入,现有基于二维的表达方式已经不能满足行业进一步发展的要求,国内不少企业开始思考如何应用 BIM 技术来提升项目管理水平与企业核心竞争力。房屋建筑业 BIM 技术应用率先起步,并在诸多大型工程项目中发挥了重要作用,相关技术标准及 BIM 应用经验对公路工程 BIM 技术发展产生了重要影响。

2017 年以来,公路工程 BIM 技术发展迅猛,国家政策从 BIM 技术到数字化,再到智慧化,并逐步明确了数字经济在国民经济中的地位。目前,公路行业整体的发展处于数字转型升级中前期,暂未实现全专业、全流程、全要素、全生命期业务的数字化重塑,数字化设计工具、软件尚待进一步攻克关键技术、迭代和完善底层能力;公路工程数字孪生作为全生命期数字价值体现与业务赋能的关键技术,目前还处于较为初期的阶段。

BIM 技术发展大致分三个方面:一是三维设计,公路工程设计从手工制图到计算机辅助二维设计,曾大幅提高了公路设计效率,但随着对工程质量的要求越来越严,在勘察设计时间比较紧的情况下,二维设计造成差、错、漏、碰等问题难以有效避免,行业对基于 BIM 技术的三维设计技术寄予厚望,但目前整体上能够适用于公路 BIM 技术应用的软件和工具不够成熟,公路工程 BIM 三维设计技术的发展任重道远;二是数字化交付,随着公路工程行业 BIM 标准相继发布,初步统一了公路工程信息模型架构、语义及存储方式,为数字化交付提供了基础条件,无论是翻模还是正向设计建模,均将 BIM 作为信息载体,服务于工程全生命期数据贯通和应用,但目前数字化交付相关复合型人才的培养力度不够,而且想要相关技术标准落地实施也需付出更多努力;三是数据积累挖掘与数字孪生技术,随着智慧公路建设的兴起,由 BIM 技术引发的数字公路建设逐渐向智慧公路建设靠近,并最终共同服务于人民对美好出行的强烈需求,也是响应国家交通由追求速度与规模转变为注重质量与效益的发展战略,但无论是数字孪生还是智慧公路,均需加速数字化技术和业务融合。

国内 BIM 技术的发展起初期望 BIM 技术应用带来明显的效益与价值,但由于现阶段建模技术、图形引擎的技术瓶颈等制约,造成效益、价值不够明显。随着公路工程行业 BIM 标准的颁布,以及相关政策的引导,BIM 技术正逐步向数据融通与数据价值挖掘的方向演进,并逐渐在数据跨阶段交付、施工及运维阶段数据应用等方面积累经验。

1.3　BIM 技术在隧道工程行业发展现状

1.3.1　隧道工程行业发展现状

随着公路建设技术的提高,我国公路隧道的修筑已从中短隧道发展到现在的长达数十公里的特长隧道,如山西宝塔山隧道(10.4km)、甘肃麦积山隧道(12.3km)、陕西秦岭终南山隧道(18.0km)等;国外的特长隧道如法意边境勃朗峰隧道(11.6km)、瑞士圣哥达公路隧道(16.9km)、挪威洛达尔隧道(单洞)(24.5km)等。表 1-2 列出了国内外部分 10km 以上特长隧道的基本概况。

国内外部分 10km 以上特长隧道基本概况　　　　　　表 1-2

序号	隧道名称	国家	长度(km)	隧道类别	隧道类型
1	圣哥达基线隧道	瑞士	57.2	铁路隧道	山岭隧道
2	青函隧道	日本	53.9	铁路隧道	水下隧道
3	乌鞘岭隧道	中国	20.1	铁路隧道	山岭隧道
4	英吉利海峡隧道	英国	50.5	铁路隧道	水下隧道
5	兰渝线西秦岭隧道	中国	29.7	铁路隧道	山岭隧道
6	太行山隧道	中国	27.8	铁路隧道	山岭隧道
7	大瑶山隧道	中国	14.3	铁路隧道	山岭隧道
8	洛达尔隧道(单洞)	挪威	24.5	公路隧道	山岭隧道
9	圣哥达公路隧道	瑞士	16.9	公路隧道	山岭隧道
10	勃朗峰隧道	法国、意大利	11.3	公路隧道	山岭隧道
11	秦岭终南山隧道	中国	18.0	公路隧道	山岭隧道
12	雪山隧道	中国	12.9	公路隧道	山岭隧道
13	麦积山隧道	中国	12.3	公路隧道	山岭隧道
14	包家山隧道	中国	11.2	公路隧道	山岭隧道
15	虹梯关隧道	中国	13.1	公路隧道	山岭隧道
16	宝塔山隧道	中国	10.4	公路隧道	山岭隧道
17	大相岭隧道	中国	10.1	公路隧道	山岭隧道

我国特长公路隧道正处于快速发展时期，截至2022年初，国内已建成的最长公路隧道是秦岭终南山隧道，全长约18.0km，建设标准为双向四车道；国外最长的隧道是挪威的洛达尔隧道(单洞)，全长约24.5km，建设标准为双向两车道。目前，中交二公院勘察设计的新疆乌尉高速公路天山胜利隧道(图1-1)，全长达22km，建成后该隧道将成为世界上最长的高速公路隧道，也将成为我国在特长公路隧道建设领域的又一个典型代表，充分展示了隧道工程建设领域的技术水平和发展态势。

图 1-1　正在建设中的天山胜利隧道

同时,我国隧道跨江越海工程也在蓬勃发展,其中,水下隧道特别是盾构法隧道修筑技术发展迅猛(表1-3)。截至2021年底,盾构法修建的水下隧道数量约占总水下隧道数量的80%。结合国家路网规划,未来将出现更多的水下隧道,沟通城市、省域、国家之间的联系,打破江、河、湖、海的屏障。《国家公路网规划》提出了琼州海峡、渤海海峡、台湾海峡等三个主要海峡跨海通道,其中,琼州海峡隧道长约35km,渤海海峡隧道长约120km,台湾海峡隧道长约140km。随着科学技术不断进步,"超大、超长、超深"隧道正成为国内水下隧道发展的主流趋势。

我国已建和在建大直径盾构隧道情况一览表　　　　表1-3

序号	名称	直径(m)	建成年份
1	上中路隧道	14.87	2004
2	上海长江隧道	15.43	2006
3	军工路隧道	14.87	2006
4	外滩隧道	14.27	2007
5	南京长江隧道	14.93	2008
6	迎宾三路隧道	14.27	2009
7	杭州钱江隧道	15.43	2010
8	南京扬子江隧道	14.93	2011
9	长江西路隧道	15.53	2011
10	虹梅南路隧道	14.93	2012
11	扬州瘦西湖隧道	14.93	2013
12	武汉三阳路隧道	15.76	2015
13	香港莲塘隧道	14.10	2015
14	香港屯门隧道	17.60	2015
15	上海沿江隧道	15.43	2016
16	上海北横通道	15.53	2016
17	珠海横琴隧道	14.93	2016
18	南京夹江隧道	15.46	2017
19	济南黄河隧道	17.40	2017
20	芜湖城南过江隧道	15.00	2017
21	汕头苏维埃隧道	15.01	2017
22	深圳春风隧道	14.10	2017
23	和燕路过江通道	15.02	2018
24	建宁西路过江通道	15.02	2019
25	武汉两湖隧道	16.00	2019
26	妈湾跨海通道	15.01	2019
27	北京东六环隧道	15.40	2020
28	江阴靖江隧道	16.03	2020

续上表

序号	名称	直径(m)	建成年份
29	上海机场联络线	14.04	2022
30	珠海兴业快线	15.76	2022
31	深圳荷坳隧道	18.10	在建
32	厦门同安进岛隧道	15.20	在建

1.3.2 BIM 技术在隧道工程行业的应用难点

1) 对 BIM 技术的理解存在误区

多年来，BIM 技术的发展主要集中在模型应用方面，而对其基础理论的普及不足。随着 BIM 与数字化、智慧化等技术的融合，BIM 的含义更加广泛。然而，很多人将 BIM 技术简单地等同于模型可视化，而忽略了其"协同设计""指导施工""方便运营和维护"及"全生命期"等重要特点，这种误解阻碍了 BIM 真正价值的体现。

2) BIM 数据的价值量化和认可是一个长期的过程

目前，BIM 在隧道工程中的应用主要集中在单一阶段，尤其是常见于前期方案研究、勘察设计和施工阶段，在运营维护阶段开展应用的还很少。尽管 BIM 应用已经取得了一定效果，但其效果很难通过量化指标计算衡量，而且 BIM 应用的成本和收益也无法准确评估。因此，市场正逐渐失去对 BIM 技术的信心，导致一些业主对于 BIM 技术的应用持观望态度，推进 BIM 技术的积极性相对较低。

3) 隧道工程缺乏成熟的 BIM 正向设计工具软件

目前，在现有的法律法规和标准框架下，传统的图、表是不可或缺的设计成果。然而，由于缺乏成熟的 BIM 正向设计软件工具，隧道设计仍依赖二维设计手段，BIM 技术无法像计算机辅助制图替代手工制图一样大幅提高设计效率，这使得 BIM 技术大多数情况下游离于设计工作之外，难以发挥对设计业务的数字赋能作用。相反，由于额外的可视化汇报、碰撞检查等要求，带来了更多额外的工作量，且投入产出不成比例，导致设计人员对其产生了排斥心理。

4) 隧道工程动态设计特点对 BIM 技术提出了较高的要求

在隧道工程动态设计过程中，BIM 技术面临着一些难题。施工图设计阶段隧址区地质勘察资料仍不算完备，只有少量钻孔资料可用，因此，在隧道工程建设期间，随着地质超前预报的逐步探明，隧址区的工程地质情况会不断变化，从而伴随着大量的设计变更，这使得动态设计成为隧道建设的一个显著特点。BIM 技术起初利用有限的勘察资料构建三维地质信息模型，并辅助进行复合式衬砌结构的自动化设计，然而，施工过程中获得了更多的数据，工程地质情况在不断更新，这就要求最初的三维地质信息模型不仅能实时更新，而且还要能辅助设计人员准确判断围岩级别，以提高变更设计的效率，这种现实需求对目前 BIM 技术提出了较高的要求。

5) 现行的标准在隧道工程 BIM 应用过程中的指导作用相对有限

近年来,我国在 BIM 应用与发展方面进行了一些基础性的研究,并制定了公路工程行业的 BIM 标准,一些地区或企业也纷纷制定了适应自身特点的标准,这对于推动 BIM 技术在行业中的规范应用具有重要意义。然而,一方面,由于基础技术标准如语义、存储等方面并没有完全覆盖全部的隧道类型,较难支撑全要素、全过程数字化建设及应用;另一方面,实施和应用标准受限于技术发展现状,无法充分发挥 BIM 技术的优势,未能有效解决隧道工程行业面临的具体业务问题。

6) 传统隧道工程全生命期业务工作模式限制了 BIM 技术的应用与发展

隧道工程设计、施工及运维的工作模式已有一套完整、稳定的标准体系来支持。然而,在 BIM 技术的应用过程中,由于与现有工作模式的差异,会出现许多障碍。例如,在工作分工方面,由于 BIM 具有协同和数据融通的特点,各专业之间的分工界限会变得模糊,导致在现有工作模式下,跨部门的信息传递、分享及协同工作效率低下;此外,在数据效能方面,尽管通过数字化手段将线下业务转为线上,但许多业务环节仍然需要传统的纸质文档走线下流程,这容易使数字技术应用变成一项额外的工作负担,难以发挥实际作用。

第2章 BIM基础技术研究

2.1 BIM 基本概念

BIM 技术的基本概念至关重要,它不仅蕴含了该技术的主要特点,而且从基本概念层面确定了应用范围和发展方向,本书分别查阅了国内外相关标准中对 BIM 术语的定义。

"BIM(Building Information Modeling)是创建包含建筑物全生命期各阶段信息的模型。在很多情况下,缩略语 BIM 也指建筑信息模型的成果,以 building information model 命名。"[来源于国际标准 *Data structures for electronic product catalogues for building services—Part 1: Concepts, architecture and model*(ISO 16757-1:2015)中的 2.4 节]。在这个概念中,BIM 是一个建模的过程,且服务于全生命期,该术语来源于产品目录方面的标准,因此,该定义更像是传统意义上的产品构件库或 BIM 族库。

"BIM(Building Information Modeling)是对建设对象(包括建筑、桥梁、道路、工厂等)使用一种共享数字化表达,从而在设计、建造和运维过程中提供可靠的决策基础。缩略语 BIM 也指建设成果的物理和功能特征共享数字化表达。"[来源于国际标准 *Building information models—Information delivery manual—Part 1: Methodology and format*(ISO 29481-1:2016)中的 3.2 节]。在这个概念中,体现了 BIM 是一种数字化表达,并强调了其共享或数据传递的特征,用于在工程全生命期中做出有效决策,并在表达内容方面明确了包含物理和功能两部分。

"BIM(Building Information Modeling)是对建筑资产使用一种共享数字化表达,从而在设计、建造和运维过程中提供可靠的决策基础。建筑资产包括但不限于建筑、桥梁、道路及工厂等。"[来源于国际标准 *Organization and digitization of information about buildings and civil engineering works, including building information modeling (BIM)—Information management using building information modeling—Part 1: Concepts and principles*(ISO 19650-1:2018)中的 3.3.14 节]。可见与 ISO 29481-1:2016 相比,将 BIM 的概念从"建设对象"改为"建筑资产",以突出该标准对信息管理的重视,信息管理对应的则是项目资产,对应于运维阶段。

"BIM(Building Information Modeling)是对资产使用的一种共享数字化表达,从而在设计、建造和运维过程中提供可靠的决策基础。"[来源于国际标准 *Building information modeling and other digital processes used in construction—Methodology to describe, author and maintain properties in interconnected data dictionaries*(ISO 23386:2020)中的3.6节]。该标准采纳了 ISO 19650-1: 2018 对 BIM 的定义,也是强调对资产的信息管理。

美国国家 BIM 标准第三版(*National Building Information Modeling Standard Version 3.0*, NBIMS-V3)中,对 BIM 的定义更加全面,它定义 BIM 这个词表达了三个独立且相互之间又存在关联的功能。一是 BIM(Building Information Modeling)称为建筑信息模型(化),是在建筑全生命期内,生成并利用建筑数据来设计、施工和运维的业务过程,BIM 允许多参与方能够同时通过技术平台的互操作能力对同一信息进行访问。二是 BIM(Building Information Model)称为建筑信息模型,是设施的物理和功能特征的数字化表达,它作为一个设施信息的共享知识源,形成设施全生命期内可靠的决策基础。三是 BIM(Building Information Management)称为建筑信息管理,利用数字原型中的信息来组织和控制业务流程,以实现对资产整个生命周期的信息共享,好处包括协同和可视化的沟通、前期方案研究、可持续性和高效的设计、跨学科融合、现场控制、建造文档记录等,高效完成资产从概念设计到退役的全生命期过程和模型开发。由此可见,美国 NBIMS-V3 标准将 BIM 的概念分为三个层次,分别表达了业务过程协同共享、数字化表达模型创建、组织管控资产信息的特征,含义广泛而全面。

国内相关标准也对 BIM 术语进行了定义,在《建筑信息模型应用统一标准》(GB/T 51212—2016)中,BIM 定义为建筑信息模型(Building Information Modeling,Building Information Model),是在建设工程及设施全生命期内,对其物理和功能特性进行数字化表达,并依此设计、施工、运营的过程和结果的总称。公路行业 BIM 标准采纳了国家标准对 BIM 的定义。

综上所述,无论是在国内还是国外,对 BIM 的概念定义统一反映了 BIM 技术应具有以下典型特征:一是面向全生命期,覆盖设计、施工及运维各阶段的业务;二是信息模型成果能够描述建设成果的物理及功能两方面属性,以实现对物理实体的数字化表征;三是以模型为结构框架来承载和表达建筑资产信息,并构成知识资源池,在模型互操作性的基础上,支持各方协同工作。由此可见,BIM 是一种以数据科学为核心的多学科融合技术,其对计算机技术具有很强的依赖性。为了实现物理实体对象的数字化表征、数据互操作性、全生命期业务协同等,围绕 BIM 技术逐渐形成了语义体系、数据字典、数据存储、数据交付等一系列研究领域,这也构成了目前 BIM 标准体系的雏形。

2.2　模型创建研究

公路工程 BIM 建模的主要内容包括地形、地质、路线、路基、路面、桥梁、隧道、交通工程及沿线设施等,其中地形、地质常称之为环境模型,其余统称为工程模型。

地形模型由数字地面模型和建筑物、独立地物、水系及水工设施、管线、交通设施等各类地物组成;地质模型由勘探点和地层等组成;路线模型包括平面和纵断面等内容;路基模型包括路基土石方、排水、支挡防护、小桥及涵洞等;路面模型包括面层、基层、底基层、垫层和路缘石等;桥梁模型包括上部结构、下部结构、桥面系和附属工程等;隧道模型包括洞口、洞身、辅助通道、防排水和路面等。

2.2.1 工程模型创建

1）总体思路

相比房屋建筑，公路工程呈带状分布，常涉及不同工程坐标系和投影带转换，信息模型具有体量大、专业间协作要求相对低、对地形地质的依赖大等特点，模型创建时应秉持参数化、数字化、智能联动的基本原则。

在建模前，应建立建模协同工作机制，以保证在交付需求的基础上，按照约定的建模方法高效保质地完成建模工作。协同工作规则具体包括模型架构、模型及信息格式、坐标参数、分类体系、文件版本等内容，此外还需根据专业的划分按一定的结构对建模工作进行分解，并分配给相应的建模人员，设定不同成员的建模协同权限。

公路工程模型创建除了充分借鉴房屋建筑行业的BIM建模技术外，还应深入分析自身的专业特点。首先，由于公路具有在三维空间下的线性特点，常用三维多段线"以直代曲"作为模型创建的骨架线；然后，创建工程模型的方式主要是用断面沿骨架线拉伸、放样、融合等几何操作，或采用沿点的放置、旋转、缩放等，在这个过程中，逐渐积累形成公路工程BIM模型构件库，构件库不仅包括可重复利用的构件级、产品级的模型，而且还包括参数化的断面、模型单元等，常见的构件资源包括路面结构断面、边坡断面、排水沟断面、衬砌断面、桩基构件、墩柱构件、锚杆构件等；最后，根据各构件的逻辑关系、属性信息等，形成项目的数字化表达，完成模型创建。

工程模型的创建尽量采用数据驱动的方式，路线专业的数字化是前提和基础，中交二公院自主研发的"JSL-路线专家系统"不仅可快速获取路线平面、纵断面、横断面数据，构成精确的三维空间线，而且还可为模型放置快速计算精准的坐标位置。由于路线模型的特殊性，该模型可理解为"虚拟模型"，即没有实物对象与之对应，实为一条空间曲线，在实际建模过程中，主要通过路线设计数据提供计算接口，支持其他各专业的模型创建。

路基路面模型创建，主要利用路线设计数据及横断面数据进行放样，并重点确定不同曲线半径条件下的放样间距，以保证路基路面模型的准确性。最终构建的模型单元包括土方或石方路基、多级边坡坡面、排水沟、边沟、面层、基层、底基层、垫层、路缘石等，如图2-1所示。

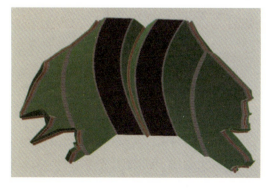

图2-1 路基路面及抗滑桩模型

桥梁模型创建,通过路线数据计算得到每个单独构件的参数,主要是利用平、纵、横设计数据计算得到建模相关的坐标、高度、宽度等控制性参数,并结合构件本身的设计参数完成。构建的模型单元包括主梁、桥面板、横隔板、桥墩、桥台、基础、盖梁、系梁、墩柱、台帽、台身、翼墙、耳墙和锥坡等,如图2-2所示。

图2-2 桥梁模型

隧道洞身模型创建与路基路面模型的创建方式类似,以钻爆法隧道为例,主要利用路线设计数据及洞身衬砌断面数据进行放样,创建不同的复合式衬砌结构,进而利用"JSL-路线专家系统"的坐标计算功能,详细计算每个锚杆的定位坐标,完成不同精细度的洞身模型,如图2-3所示。洞门模型创建,主要依据路线设计数据确定到具体位置后,通过不同洞门形式参数创建模型,并根据洞门边仰坡设计方案,与洞口地形交互,完成洞门边仰坡的模型创建。构建的模型单元包括端墙、挡土墙、顶帽、遮光棚、套拱、超前支护、初次衬砌、二次衬砌、排水沟、排水管和检查井等。其他如盾构、沉管、明挖等工法隧道,均可用类似的方法完成模型创建。

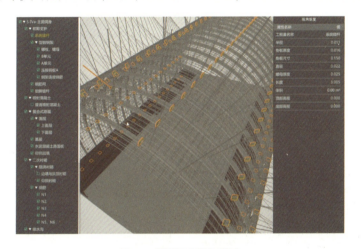

图2-3 隧道衬砌结构模型

交通工程及沿线设施模型,主要根据路线中心线计算偏距和坐标后,可直接调用构件库模型完成创建,如图2-4所示。构建的模型单元包括各种标志标牌、车道线、分流岛、护栏、防眩带、声屏障、分隔带和防抛网等。

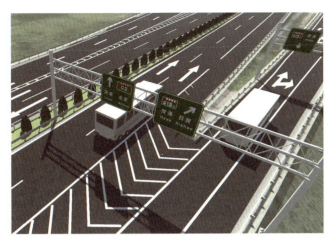

图 2-4　标志标牌模型

2）隧道洞口建模

山区高速公路的隧道洞口（包括洞门、明洞及边仰坡部分）建模是重点和难点。由于洞门形式会影响上方边坡的处置方案，边坡及回填模型创建十分复杂，借助 AutoCAD Civil3D 的地形处理、放坡功能完成隧道洞口建模，具体方法如下：

（1）准备地形图、卫片、隧道洞口道路模型、洞门模型，在 AutoCAD Civil3D 中整合。

（2）将地形图进行裁剪处理，得到洞口模型所需范围，并利用等高线、高程点构建洞口地形曲面模型，如图 2-5 所示。

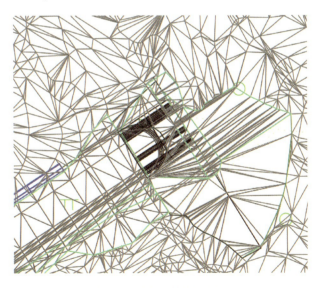

图 2-5　构建洞口地形曲面模型

（3）削竹式洞口建模分为以下几个步骤：

①找到隧道洞口处左、右两侧外边缘线，以此为基准，按设计坡率放坡，若为一级坡则直接向曲面放坡，若为多级坡则按照每级最大坡高值规则放坡；

②放坡后提取拆离曲面,将步骤①中的多级规则边坡,通过手工绘制边界(具体可用实体视图,在 0m 高程处绘制多段线,圈出放坡模型与地形曲面之间的边界),截取得到边界内部曲面;

③定位洞门底部的放坡线,建立新场地,沿该放坡线向设计的目标高程放坡,得到洞口坡面的上顶线,此步暂不构建曲面;

④再建立一个新场地,找到明洞与暗洞交界面上部的放坡线,调整放坡线的宽度,使其适应两侧开挖范围(挖方范围,填方不做放坡),向地形曲面放坡,手工绘制成洞面与侧面过渡连接的三维多段线(先在平面视角下定位,然后转换为要素线,最后向曲面获取高程);

⑤将步骤①、②创建的曲面,先与步骤④得到的曲面粘贴,再粘贴到地形曲面上,构成完整的洞顶开挖曲面,如图 2-6 所示;

⑥定位步骤③放坡线的中点,根据成洞面隔水层横向斜率,绘制坡顶线,并向洞顶开挖曲面放坡,找到交线,经过手工调整及补充三维线(主要补充填方区域),构建曲面,即得到洞顶回填面,如图 2-7 所示;

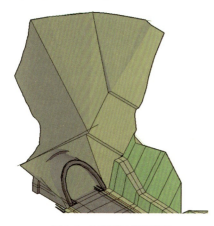
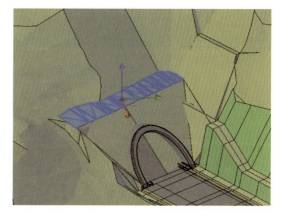

图 2-6 构建洞口开挖曲面　　　　图 2-7 构建洞口回填曲面

⑦根据步骤③的顶线与放坡线绘制洞门处面坡,粘贴至地形曲面,完成整个隧道洞口的模型创建;

⑧在平面俯视视角下,绘制边界裁剪曲面,避免洞口范围被曲面遮挡;

⑨与隧道洞口衔接的道路模型构建曲面,适当下沉曲面,避免洞口模型与衔接的道路模型相互干扰,如图 2-8 所示。

(4)端墙式洞口建模分为以下几个步骤:

①定位隧道洞口的放坡起始线,向地形曲面放坡,提取拆离曲面,并适当调整曲面边界;

②定位隧道洞门上的回填起始线,向步骤①得到的曲面放坡,提取拆离曲面;

③将放坡曲面与回填曲面粘贴到地形曲面中;

④参照削竹式洞口建模的步骤⑧、⑨完成建模,如图 2-9 所示。

(5)因上述所创建的模型文件格式为 *.dwg,且未处理材质,无法直接交付使用,因此,利用 AutoCAD Civil3D 与 Infraworks 的联动能力,将建模成果导入 Infraworks 中,分别进行坐标系设置、导入卫片,再将 AutoCAD Civil3D 中设置的边仰坡、回填等区域的范围导出为 *.sdf 文件。在 Infraworks 中设置为覆盖区域,建议将植物防护坡面的材质设置为"Manicured Grass",圬工防护坡面的材质设置为"Small Grey",然后导出为 *.fbx 文件,注意记录坐标偏移数值。

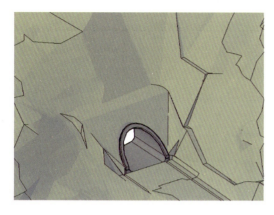

图 2-8　洞口模型裁剪

图 2-9　端墙式洞口模型

(6)将 *.fbx 文件在 3ds Max 中进行图层的拆分、合并处理,如图 2-10 所示,并更改为符合命名规则的图层名称,完成模型创建与命名。

(7)最终转换为 *.fbx 文件格式,并输入坐标偏移数值,在平台中进行模型整合交付,如图 2-11 所示。

图 2-10　材质处理后洞口模型

图 2-11　模型整合后的隧道洞口

3)钻爆法隧道 BIM 正向设计

为实现钻爆法隧道 BIM 正向设计,中交二公院 BIM 中心基于 Bentley 的 OpenRoads Designer(ORD)平台开展了二次开发,形成"公路隧道设计系统",如图 2-12 所示。该系统通过解析路线、地形、地质等数据,能够协助设计人员高效完成多阶段隧道工程设计工作,并实现一体化的出图、算量与建模,支持隧道工程 BIM 正向设计和数字化交付。

图 2-12　公路隧道设计系统

该系统作为初期版本,其功能架构如图 2-13 所示。根据隧道设计习惯和数字化设计的需求,程序重点开发了隧道洞口的三维设计、洞身纵向设计和工程量统计等功能;通过数字化技术描述建筑限界、内轮廓、净空断面等,初步形成了可重复利用的模板库;采用分层架构思路,在 ORD 平台上,将业务与图形引擎尽可能解耦,将设计数据与图、表、模型独立存储与处理。

图 2-13　系统功能架构

(1)数据导入。将路线、地形、地质及围岩情况等数据导入系统中。其中路线数据除支持中交二公院自主研发"JSL-路线专家系统"的 *.sdb 数据以外,还支持包括 CNCCBIM OpenRoads、纬地等格式的数据,通过解析路线数据,定位隧道线位及起、终点桩号;导入等高线、高程点可自动构建地形三角网模型;地质及围岩信息包括桩号段落、地质描述、围岩等级数据,导入系统后作为设计条件而不再构建模型,如图 2-14 所示。

(2)模板库设置。主要包括常用的建筑限界与内轮廓、复合式衬砌结构及常用的设施部件等。模板库不仅支持隧道建模,而且还内置了模板代表的工程数量,支持隧道工程数量快速统计,如图 2-15 所示。

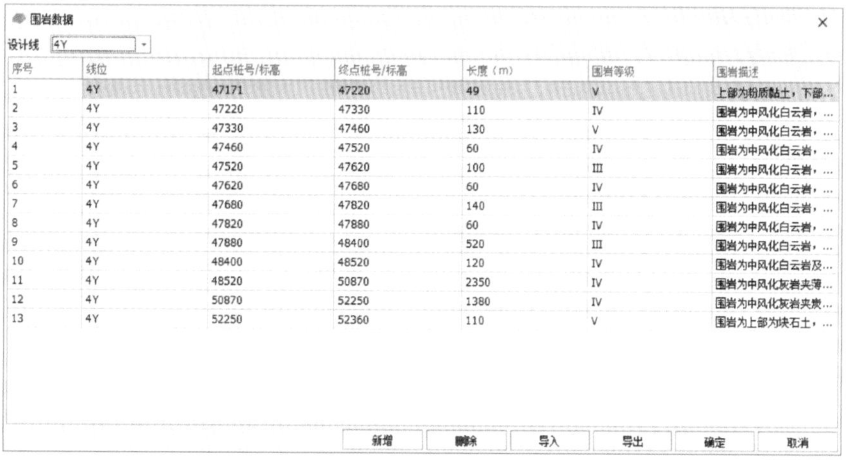

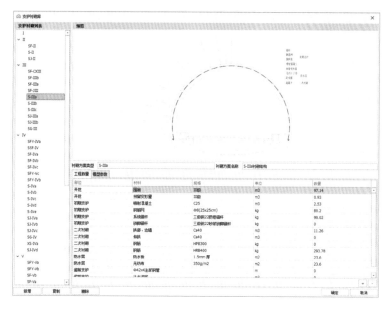

图 2-14　导入围岩数据

图 2-15　支护衬砌库

(3) 隧道纵向设计。先将路面结构、电缆沟、排水设施等在隧道断面中进行集成；再根据导入的地质与围岩数据绘制二维纵断面图，并按围岩级别划分段落，自动匹配模板库支护衬砌与地质情况；设置隧道加宽与联络通道段落，并根据地质数据，推荐衬砌类型，如图 2-16 所示，完成洞身设计及后续建模。

(4) 洞门三维设计。可灵活设置包括端墙式、削竹式洞门的具体尺寸参数，包括帽檐、台阶、铭牌、边仰坡等，如图 2-17 所示，并能够与隧道纵向设计协同，通过调整隧道的起、终点桩号，来实现隧道洞门位置、明洞长度等设计优化，如图 2-18 所示。

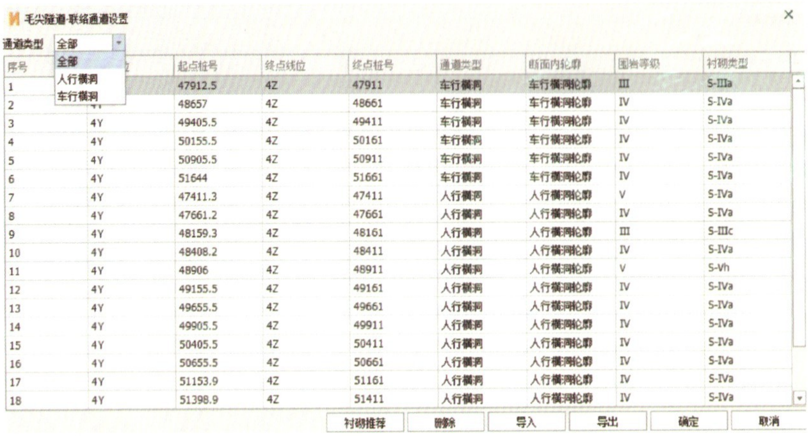

图 2-16 联络通道设计

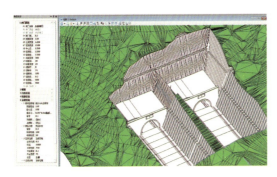

图 2-17 洞门初始设计

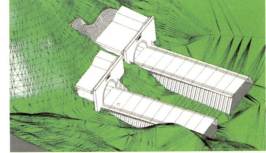

图 2-18 洞门优化设计

（5）模型创建。最终根据设计成果，快速生成隧道工程信息模型，支持以 *.fbx 等格式文件向外导出，如图 2-19 所示。

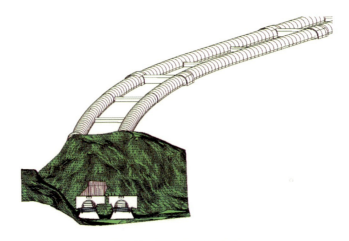

图 2-19 隧道工程信息模型

4）盾构管片建模

盾构隧道是常见的隧道洞身结构形式之一，管片的细部结构造型复杂，在管片建模过程中会造成模型体量成倍增长，因此，管片建模是先创建管片基本模型，再根据建模需要，对管片进行细节建模。

管片基本模型的参数主要包括管片环内外径、管片环宽度、管片块数、管片楔形量、管片角度等，可快速创建出相应模型，然后再根据需要对管片基本模型进行细化，增加螺栓手孔等细节，如图 2-20 所示。

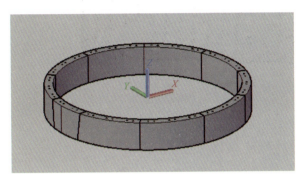 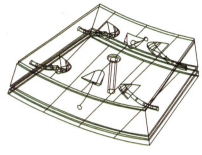

图 2-20　管片基本模型与细化模型

利用"JSL-路线专家系统"对隧道管片对应的断面桩号三维空间点进行计算，拟合三维多段线，用于控制管片的排布。

利用变换矩阵（Matrix）实现几何图形的变换（平移、旋转等），将第 n 块标准环的变换矩阵记为 Mn，旋转变换矩阵记为 Mr，第 n 块标准环移动到第 $n+1$ 块标准环的变换矩阵记为 Mt，具体如下：

（1）输入基本参数，起终点桩号、初始角度（或第一片标准环变换矩阵）、可旋转角度。

（2）根据起点桩号、初始角度，计算初始标准环变换矩阵 Mn，并绘制初始标准环（如输入 M1 则直接绘制相应的初始标准环）。

（3）将第 $n+1$ 块标准环终点截面中点进行 Mt × Mn 变换，遍历所有可旋转角进行变换，红线为标准环中心线，黄线为所有可旋转角变换得到的终点截面中点到拟合线的连线，如图 2-21 所示。取最小距离时对应的旋转角及旋转变换矩阵 Mr，得到 Mn+1 = Mr × Mt × Mn，绘制模型。

 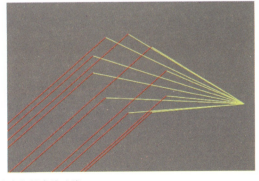

图 2-21　管片截面中点与拟合线连线

(4)当终点截面中点大于终点桩号时,计算结束,完成模型创建,如图 2-22 所示。

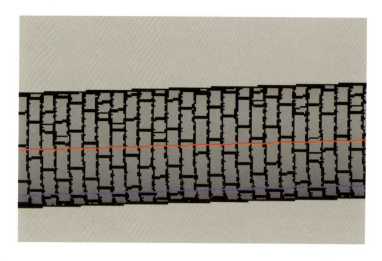

图 2-22　管片拼装模型

2.2.2　环境模型创建

地形模型主要用数字高程模型(Digital Elevation Model,DEM)方式表征,DEM 数据是利用规则格网点的平面坐标及其高程描述地貌形态的空间分布。利用 AutoCAD Civil3D 的曲面编辑功能,先将高程数据进行三角构网形成不规则三角网文件,再导出为 DEM 数据,进入地理信息系统(Geographic Information System,GIS)平台中作为环境模型的大范围地形使用,如图 2-23 所示。

建筑物、独立地物、水系及水工设施、管线、交通设施等各类地物主要采用数字正射影像图(Digital Orthophoto Map,DOM)表征,数字正射影像如图 2-24 所示,在 Raster Design 等软件中可查看或编辑,经过坐标配准后,可直接进入 GIS 平台中作为环境模型的地物使用。

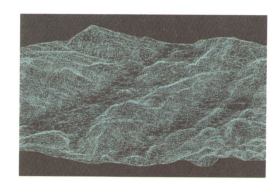

图 2-23　地形三角构网　　　　　　　　图 2-24　数字正射影像

地质建模按照已有的各类数据建立地层面、岩性面、透镜体表面等,再创建实体并使用网格面对其进行布尔运算,剪切各类地质体。通常采用目前成熟的地质模型建模软件完成,地质建模流程如图 2-25 所示。

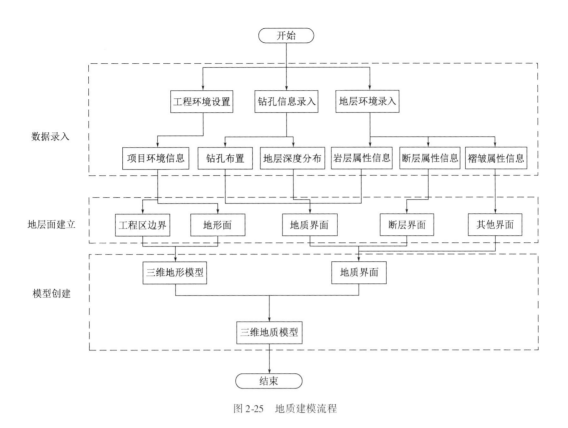

图 2-25 地质建模流程

2.2.3 模型的整合

1) 坐标转换

工程模型与环境模型整合是公路工程 BIM 技术应用过程中面对的典型问题,也是建模过程中亟须解决的技术重点和难点。由于公路属于带状工程,横跨距离长,覆盖区域广,多专业工程模型的整合要确保所有的模型都在统一的坐标系统下融合,模型坐标统一主要依赖于建模所使用的源数据坐标系统。当环境模型采用球面坐标时,工程模型需要进行统一的投影转换,如平面球面坐标系统转换及投影带之间的转换。通过七参数进行配准是最有效的方式,但由于保密原因该参数往往很难获取,在条件允许的情况下可通过选点反算,当不具备反算条件时,可利用坐标转换公式进行转换后获取初步的转换参数,然后在 GIS 平台中进行手动对准。

2) 模型融合处理

公路工程的路基、隧道洞口、部分桥台等部位均需改变原有地形,若不对原有地形数据进行处理,地形与模型间会存在干扰和遮挡,无法较好地融合在一起。目前,处理方式多通过模型的外边缘线将内部地形数据删除,从而形成一个空洞,以解决遮挡问题。这种处理方式虽然在一定程度上能够实现工程模型与环境模型数据的融合,但是融合边缘处往往存在空洞或裂隙,细节效果难以让人满意。

进一步分析融合效果不好的原因可知,目前,主流的 GIS 平台对地形数据的管理方式多采用 DEM 数据,这种数据格式为规则格网,建立规则格网常用规则采样内插和不规则三角网内插转化两种方法,其具有很多的优点,如数据结构简单、存储量小、属性值便于存储和管理等;但这种数据结构在复杂突变地形的精细表达上具有很大局限性,易造成地形曲面失真,对 DEM 数据进行数据剔除(挖洞)时,由于数据存储结构的一致性,造成边缘效果不尽如人意,如图 2-26 所示,所以想要解决这个问题应从地形数据的存储方式上入手。

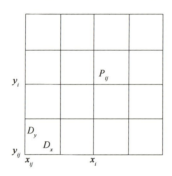 

图 2-26　规则格网 DEM 及开挖后边缘缝隙

在前人研究的基础上,采用规则格网及三角构网融合的地形构网方式完成地形数据创建,在道路两侧较远的范围内,为降低资源开销,提高数据渲染的运行流畅度,使用规则格网数据,在与工程模型相交的位置则采用三角网进行精细化构网,保证融合效果,如图 2-27 所示。

图 2-27　挖方边坡与地形融合

3)数据融合处理

BIM 与 GIS 数据类型与来源不同,数据融合可打破"数据壁垒",促进数据间特征互补和信息共享,BIM 数据采用 IFC 进行存储与传递,GIS 数据采用 CityGML 进行地理要素定义与表征,数据融合思路及其优劣如下:

(1) BIM 数据转换为 GIS 数据。

IFC 转换为 CityGML 是常用的方法,因为 BIM 数据相对 GIS 数据是精细化的,数据转换实际是"数据粗化"的过程,可确保相对较高的转换成功率,该方法通过语义映射建立两套数据模式的对应关系,但 IFC 的部分元素在 CityGML 中无法找到对应实体,信息丢失不可避免。

(2) BIM 与 GIS 数据双向扩展。

由于 IFC 与 CityGML 在语义体系、对象类型、坐标定义与空间表达方面差异较大,映射关系的建立难度较大,因此,基于 CityGML ADE 与 IFC 数据架构的扩展机制,对各自的数据模式和定义对象进行扩充,以实现数据融合。但由于数据标准体系不完善,数据扩展易出现语义不一致的问题。

(3) 建立兼容数据格式。

上述两种方法均是不可逆的转换方式,无法满足数据互操作性要求,因此,建立一个语义丰富、同时兼容 IFC 及 CityGML 的数据架构是理想方案,可从根本上实现 BIM 与 GIS 数据融合,消除不同标准对同一实体的语义理解偏差。但建立一套同时支持 IFC 与 CityGML 的数据结构难度高,开发成本大,该方法目前仍处于探索过程中。

(4) 建立融合数据库。

由于 BIM 与 GIS 数据多源异构的特点,按需从中抽取数据并建立融合数据库进行集成是值得研究的思路。首先,对 BIM 与 GIS 数据进行级别划分,对每种级别按规定流程进行数据治理,经清洗、转换、轻量化后将有用信息存入数据库中,再依据 BIM 与 GIS 构建融合语义体系,使数据在整合后的对象上集成。

2.2.4 三维实景模型创建

随着无人机及倾斜摄影测量技术不断进步,三维实景模型在公路工程 BIM 技术应用过程中发挥着越来越大的作用。目前,倾斜摄影实景建模主要面临两个问题,一是公路工程具有线长、面广等特点,在公路工程项目大面积的实景建模过程中,由于数据量巨大,导致生产周期较长,工作效率低下;二是实景模型本质上就是连续的曲面模型,想要单独的管理和分析需要进行单体化,目前,单体化主要依靠人工处理,成本和效率问题突出,难以满足大规模工程化应用的需求。

因此,为解决目前面临的问题,中交二公院开展"公路勘察设计 BIM 融合技术研究",提出了以下解决方案。

1) 大范围倾斜影像快速匹配方法

提出一种大范围多视倾斜影像连接点快速、精确匹配方法,利用下视影像和斜视影像之间的空间几何约束关系,实现下视影像连接点向斜视影像的转点匹配,适用于公路工程大范围多视倾斜影像快速自动空中三角测量,有效提高多视倾斜影像自动空中三角测量中连接点的匹配效率及匹配质量,为倾斜影像区域网平差解算提供更优的像点观测数据,实现公路工程 BIM 三维实景模型的快速、精确构建。

倾斜影像匹配遵循"先局部再整体,先下视再斜视"的原则,进行大范围倾斜影像快速匹配,流程如图 2-28 所示。

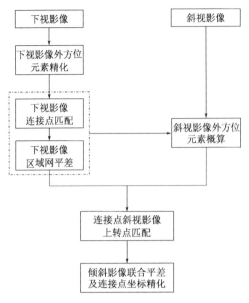

图 2-28 大范围倾斜影像匹配流程

2) 三维实景模型单体化技术

三维实景模型单体化,是采用基于建筑物边缘特征的切割单体化和动态单体化相结合的方法,根据建筑物与中心线位距离,近距离采用切割单体化技术,远距离采用动态单体化技术。建筑物边缘特征可根据数字线划图中的建筑物面要素提取,或利用 Hough 变换从三维模型对应的深度图中提取建筑物边缘。该方法适用于公路工程中大范围实景三维模型,在满足需求范围内单体化精度的同时,提高单体化效率。

针对公路工程中三维模型重建问题,基于倾斜影像构建 BIM 模型的具体实现流程包括倾斜影像匹配、基于多视图稠密重建算法(Patch-based Multi-View Stereo, PMVS)的密集点云生成、三维模型构网、纹理映射和单体化,具体如图 2-29 所示。

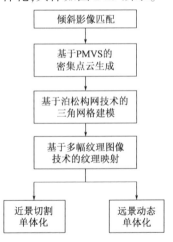

图 2-29 三维实景模型构建及单体化

2.3 工程信息建立与质量管控

2.3.1 公路工程数据特点分析

公路工程 BIM 技术的发展受房屋建筑工程 BIM 技术的影响较大,因此,在开展工程信息建立与质量管控之前,有必要明确公路工程 BIM 技术的特点。

1) 公路工程项目数据量大是 BIM 技术的重要挑战

处理线路范围内的地形和地质信息需要收集和处理大量数据,这需要相应强大的计算和存储能力,因此,公路工程 BIM 技术需要更好的解决方案来应对数据体量庞大的挑战。

2) 公路工程设计和建模相对于常规房屋建筑更为复杂

公路工程设计需要综合考虑平面、纵断面和横断面三个方向的设计,相比之下,其设计更加复杂,这不仅增加了建模的复杂性,还需要更高级的建模工具与 BIM 应用方法。

3) 公路工程设计需要更高程度地依赖地形信息

地形起伏不仅直接影响线路的走向方案,而且因为线路跨越的距离较长,往往需设置多个坐标系统,在整合全线数据时,常涉及坐标转换。

4) 公路工程 BIM 技术应用软件成熟度低

相比常规房屋建筑工程,公路工程 BIM 技术应用软件在国内市场上的成熟度相对较低,且适用于国内设计习惯和标准规范的软件产品有限,结合公路工程数据体量庞大的特点,为支持复杂的建模和数据处理,相关的软件工具对底层造型引擎的要求更高。

2.3.2 模型质量管控

1) 模型精细度

公路工程信息模型应用的场景较多,根据工程实践与调研可知,包括面向设计阶段的交付与面向应用的交付两部分。前者是全生命期工程数字化的重要构成与起点,为后续的施工、运维提供了"数据底座";后者会结合项目特点与应用目的,针对性制定具体的信息交换需求,同样的应用场景其需求也常会不同,模型也因此分为应用信息模型与交付信息模型两类。

公路工程信息模型及其相关的属性信息统一采用模型精细度表示,模型精细度是信息模型中所容纳信息的丰富程度,在《公路工程信息模型应用统一标准》(JTG/T 2420—2021)中简称为 L,模型精细度等级划分与对应的设计过程见表 2-1。

模型精细度等级　　　　　　　　　　　表 2-1

设计过程	模型精细度等级
初步设计	L2.0
技术设计	L2.0 或 L3.0
施工图设计	L3.0
动态设计	L3.0

与国家标准《建筑信息模型设计交付标准》(GB/T 51301—2018)不同,公路工程 BIM 技术强调模型承载和表达"信息"的丰富程度,不对信息模型的"几何"与"属性"进行区分,或对相应的指标做出单独规定,而是将模型当作信息的"容器"进行创建,以公路工程信息模型为核心建立模型精细度等级,统一规定模型的"有无"及其蕴含属性信息的"多少"。

根据上述定义,公路工程对象的几何图形表现形式可灵活选用,利用二维符号、三维实体、倾斜摄影模型或点云模型等,可快速创建几何图形,对模型无法描述的技术信息,可采用图纸、文字、表格、多媒体等方式补充表达。模型直接承载着结构化、可视化的属性信息与几何图形,模型应用产生的视频、图片,以及有限元计算结果、计算书等间接成果,采用原始成果文件格式,建立其与信息模型的关联关系,最终一并进行交付。

2)通用数据环境

通用数据环境(Common Data Environments,CDE)是用于收集、管理和传递整个项目团队的文档、图形模型和非图形数据(即所有项目信息,无论是在 BIM 环境中创建的,还是以传统数据格式创建的)的单一信息源,实现不同成员之间在完成项目不同时期的任务的协同工作,收集的信息在 CDE 中是可被追溯、不可变和不可删除的;信息需要在手续上满足要求,在交付阶段满足 CDE 指定的交付流程;信息需要遵守项目的命名和分类规则,最终达到对信息的统一协调。

图 2-30　CDE 的组成

CDE 的组成可分为流程管理、数据管理、项目管理和数字基础设施四部分,如图 2-30 所示。

流程管理实现数据的互操作性,CDE 对项目中所涉及的工作流、权限和角色进行详细划分,从而使各参与方之间高效协作,提高项目信息交换的效率,控制项目工期,避免信息的冗余和不必要的返工,流程管理依赖于用户管理和数据管理,与传统项目管理过程相似,在项目开始前,需对项目阶段及各阶段任务进行划分,创建工作流,规定各项目参与者之间的活动、责任、数据交换的时间框架和顺序,从而在规定的工期内高效完成项目计划。参与者的职能和工作权限会随项目阶段的变化而产生变化,因此,需要为工作流程创建责任矩阵,以实现职责权限的动态调整。采用元数据(Matadata)对项目的不同工作流进行标记,描述任务完成度,如"过程中"

"完成""超期"。在 CDE 中对信息进行的操作和访问通过显式工作流(比如上传文件)和隐式工作流(比如执行用例)完成,CDE 中一切对数据进行的操作和访问都会被监控并产生详细的记录,记录不会被擦除,从而对项目情况进行追踪或问责。

目前,CDE 的数据管理主要由文件管理实现,并不对文件数据进行编辑或修改,项目在设计和施工阶段会产生图纸、计划报告等,利用其文件管理系统能够避免项目过程中不同专业之间信息的冗余,确保信息的及时性和可用性、不同种类信息的高兼容性,以及信息版本最新化。模型根据类型的不同划分为普通模型和协调模型,其中,普通模型包括不同用途的模型。项目通常会引用外部数据,CDE 可以通过分类代码引用,也可以通过外部文档的统一资源定位符(Uniform Resource Locator,URL)进行引用。采用开放建筑信息模型(Open BIM),可以支持跨软件平台的信息交换。

为了存储上述不同种类的信息,CDE 引出信息容器的概念。信息容器是进行信息分类存储、交换、存档的载体,在 CDE 中与信息相关的活动都是依托信息容器的状态而开展的。在小型项目中,信息容器可以是以文件夹的形式存在;在大型项目中,信息容器的形式一般是一个服务器或检索平台。根据信息容器内容可分为结构化信息容器和非结构化信息容器,结构化信息容器包括几何模型、属性模板和数据库,非结构化信息容器包括文档、视频剪辑和录音资料。但不管什么形式的信息容器,CDE 都应注意用元数据对信息容器进行分类,确保对信息容器进行描述的元数据是唯一的,所用的元数据是可寻址、可检索的,从而确保信息交付和变更调整(如时间戳、类型、发起者等)可追溯,在 *Organization and digitization of information about buildings and civil engineering works*, *including building information modeling (BIM)—Information management using building information modeling—Part 1: Concepts and principles*(ISO 19650-1:2018)中,将信息容器的状态分为四种,分别为工作中(Working In Process,WIP)、共享(Shared)、发布(Published)、存档(Archived)。

项目管理是对流程管理和数据管理的补充,作为 CDE 的核心组件,项目管理依靠工作流和数据管理功能,对实际工程中 CDE 运作流程做进一步补充。因为在实际项目中,用户的权限和工作流会与规范的定义有偏差,在这种情况下,项目管理便发挥了作用,可简单地理解为前两个部分是课本的内容,而项目管理是实际操作的内容。

项目立项后,在 CDE 中由项目管理模块创建项目、用户组、管理用户、项目沟通,设置项目负责的角色、公司相关授权,根据建筑信息建模执行计划(BIM Execution Plans,BEP)建立一套工作流程。基本的用户管理系统所需要的板块建立完成后,针对数据管理模块项目管理提供的功能包括模型或文档管理流程的控制、能实现 BIM 目标的常规用例、汇总报告或关键信息来辅助项目管理。与数据管理原则一致的是,项目管理同样不对数据进行更改,所有数据的创建和更改均发生在外部系统(即项目的不同参与者在各自本地的系统)。

在数字基础设施方面,CDE 可采用浏览器或服务器架构平台实现,在技术选型时,需考虑兼容主流数据格式;支持多设备多终端对信息模型浏览与查看;具备完善的权限管理机制;具有集成外部常用建模软件的数据接口;支持模型数据提取、复核和分析;支持基于组织管理的沟通与交流;具备安全防护体系。

中交集团 BIM 中心根据 ISO 19650 系列标准的要求,以信息交付为目的,研发了"CDE 协同平台系统",用以托管项目相关信息,服务团队数据协作,如图 2-31～图 2-33 所示。其基本定位是模型及相关文档数据集中存储访问,确保数据的单一来源与真实性;将 BIM 工作流程置入并管理,使多方参与的 BIM 工作作为一个整体在工作行为和工作进度上得到管控;提供统一的工作环境、图模审查等工具,确保模型正确无误,提高信息协调的效率,减少时间、降低成本。

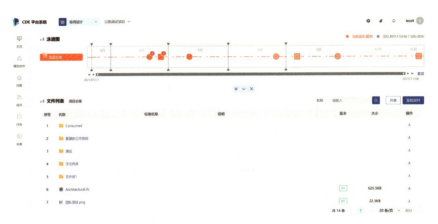

图 2-31　中交集团 BIM 中心 CDE 协同平台系统

图 2-32　CDE 协同平台系统数据管理

图 2-33　CDE 协同平台系统模型查看

2.3.3 工程数据交付研究

公路工程对象的外观形状由模型通过几何图形来表达,而物理与功能特性则由属性信息表达,根据《公路工程设计信息模型应用标准》(JTG/T 2421—2021),将工程对象分为项目、设施、子设施及构件四个层级,并对每个层级所代表的对象均制定不同交付深度的属性模板,见表2-2,每个属性模板还可采用元数据说明书进行补充说明,辅助建立数据之间的关联关系,见表2-3。

属性模板样表　　　　　　　　　　　　　　　　　　　　　　　表 2-2

分类	分项名称	属性类型	单位	L2.0	L3.0
标识信息	名称	字符串	—	▲	▲
	标识码	字符串	—	▲	▲
	分类编码	字符串	—	▲	▲
	WBS编码	字符串	—	○	△
位置信息	起点桩号	字符串	—	▲	▲
	终点桩号	字符串	—	▲	▲
	位置	字符串	—	▲	▲
尺寸信息	沉管端面宽度	数值	mm	△	▲
	沉管端面高度	数值	mm	△	▲
	标准管节长度	数值	mm	△	▲
技术信息	沉管结构形式	字符串	—	△	▲
	沉管端面形式	字符串	—	△	▲
	关联文件	字符串	—	○	△
工程量信息	混凝土材料要求及用量	数值	—	▲	▲
	钢筋材料要求及用量	数值	—	▲	▲
	螺栓材料要求及用量	数值	—	△	▲
	预应力管道材料要求及用量	数值	—	△	▲
	钢筋连接器材料要求及用量	数值	—	△	▲

元数据说明书样表　　　　　　　　　　　　　　　　　　　　　表 2-3

序号	元数据名称	值	值范围	数据类型	单位	L2.0	L3.0
1	模板名称			字符串	—	▲	▲
2	模板类型		元数据说明书模板/属性模板	枚举类型值		▲	▲
3	模板版本			字符串	—	▲	▲
4	批准单位			字符串	—	▲	▲
5	发布时间			时间	年月日	▲	▲
6	类别描述			字符串	—	▲	▲

续上表

序号	元数据名称	值	值范围	数据类型	单位	L2.0	L3.0
7	类别系统			字符串	—	▲	▲
8	上级类别模板			字符串	—	▲	▲
9	IFC映射信息			字符串	—	▲	▲
10	是否可用		是/否	枚举类型值	—	▲	▲
11	模板编制者			字符串	—	▲	▲
12	模板编制者联系方式			字符串	—	▲	▲
13	模板管理者			字符串	—	▲	▲
14	模板管理者联系方式			字符串	—	▲	▲
15	其他说明			字符串	—	▲	▲

属性模板能够标准化交付的信息内容,并指导建立数字化数据结构,提高属性信息交付的工作效率及数据质量,以四个层级构建的工程模型架构为基础,针对不同模型级别制定相应的属性模板,基本完成了对不同语义对象的数字化描述。在对实际工程项目进行数字化描述时,应进一步结合具体工程项目特点,利用树状结构建立起上述不同语义对象间的关系,并通过树状结构的节点实现属性信息的聚合与分解计算,提高数字化交付技术体系应对不同数字化应用场景的能力。

属性信息按类型分为标识信息、位置信息、尺寸信息、技术信息及工程量信息。由于公路工程跨阶段交付属性信息的数据量庞杂,对其按类型进行管理,能够极大提高信息利用效率;根据不同的模型创建方法,所需的位置信息与尺寸信息各异,在跨阶段交付过程中,确保属性模板中位置信息与尺寸信息数据与模型几何图形的表达一致,而其余的相关参数可灵活处理,不做约束。这样做是在现有的模型精细度交付体系框架下,拓展了模型精细度对模型几何图形方面的约束作用。

2.4 模数融合及跨阶段传递

2.4.1 公路工程项目树研究

公路工程各专业对象的分类与编码,明确和统一了语义,虽然从模型架构和分类方法上均采用了项目、设施、子设施和构件四层级进行表征,并最终给出了各阶段的交付深度与方法,但仍然缺少对具体工程项目的完整表达。因此,中交二公院BIM中心在经过多项目实践验证后,提出了公路工程项目树(Engineering Model Breakdown Structure,EMBS)的建立与应用方法,它起到了对最小模型单元的关系组织、逻辑定义等作用,使各专业、各构件之间有了关联,用数字技术表达了与现实物理世界一致的逻辑关系。

工程项目树建立的基本原则是物理世界中公路工程各对象及相互间的客观联系,因为公路工程实体对象是相对固定的,故只有以此为核心,才能统一承载起设计、施工及运维阶段对数据管理和使用相对不固定的需要。在设计阶段,借鉴《公路工程基本建设项目设计文件编制办法》(交公路发〔2007〕358号),该办法对施工图设计图纸的组成内容进行了规定,设计阶段的成果是最终物理世界中公路工程各对象的蓝本;在施工阶段,借鉴《公路工程标准施工招标文件》,从施工的角度列出了子目和工程内容,是最终物理世界中公路工程各对象形成过程的描述;在运维阶段,公路工程各对象已然构成了客观存在的物理世界。综合考虑上述需求后建立 EMBS,用以承载并传递设计阶段的成果,并能够在施工阶段承接工作分解结构(Work Breakdown Structure,WBS)的管理信息,完成进度、质量、安全等业务数据的集成和信息化管理,并最终传递给运维阶段使用。

由此可见,EMBS 更像是一个能够承接全生命期信息的数据结构,在实际应用过程中也确实起到了指导相关软件产品数据结构设计的作用。结合 BIM 技术的基本原理,以分类与编码体系中构件级模型为 EMBS 中的末端节点,即建模的最小模型单元,不同于现行标准中的交付方法,模型单元在 EMBS 中可根据需要重复出现,EMBS 可根据不同的信息交换需求,从任一节点的属性信息开始,沿 EMBS 构建的树状脉络通过聚合或分解算法得到其他任一节点的信息。

不仅如此,由于 EMBS 的建立兼顾了全生命期的数据管理和使用需求,因此,以 EMBS 末端节点为基础,可实现模型与属性信息的融合集成,如图 2-34 所示,完成交付,并支持在属性信息中通过增加多套编码,将 EMBS 作为一个多用途信息"容器",解决目前跨阶段数据传递不畅的问题。

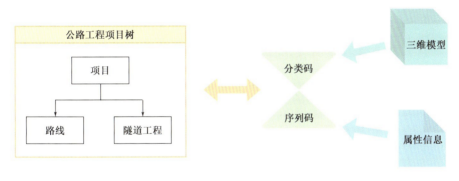

图 2-34　模型与属性信息融合集成

2.4.2　跨阶段数据对接与交付研究

现阶段,跨阶段数据对接与交付主要集中在设计阶段与施工阶段之间。在施工阶段,为更好地进行施工组织计划和管理,提出了工作分解结构(WBS)。工作分解结构是工程建设信息化开展的基础,是为工程施工过程管理而服务的,是以可交付成果为导向的,是对工程项目按顺序与详细程度进行分解的一种方式。而公路工程的 BIM 模型是针对工程实物对象的,是真实世界的虚拟化反映,其表现形式与组织关系均与 WBS 有较大差异,一般项目 WBS 分为单位工程、分部工程、分项工程,在中交二公院承担的交通运输部示范应用项目中,为达到更好的管理效果,在此基础上进行了细分,具体为单位工程、分部工程、子分部工程、分项工程、子分项工程,并将清单与子分项工程具体的项目进行了关联,做到了 WBS 和清单的合二为一。

由于 EMBS 与目前施工管理所用的 WBS 在分解的维度上有所不同,要将 EMBS 交付的成

果顺利应用于施工管理上,笔者发现存在以下问题:

(1)工程实体中大量存在的钢筋由于建模难度及工作量巨大的原因,并不包含在 BIM 模型中,但是施工管理中此部分的管理内容无法忽略。

(2)公路工程对象对应的工序工法检验环节较多,一个工程对象往往对应多个施工管理节点。

(3)开挖土方、桩基钻孔等施工管理环节暂无实体物理对象与之对应,更无 BIM 模型承载其过程管理数据。

上述 EMBS 分解结构和 WBS 分解结构都以线分法为主,表现为树状层次结构。以隧道工程中洞身的某一段衬砌结构为例,该对象既有 WBS 工作分解结构的编码,也有 EMBS 分解结构的编码,通过编码的映射将 WBS 的分解成果与 EMBS 进行融合是最常用的方法。将 WBS 工作分解的所有工序与 EMBS 的节点进行关联,具体的可在属性模板中增加相应的标识信息,也可通过元数据说明书建立关联关系。随着项目的逐渐增多,可逐渐围绕 EMBS 融合多套编码体系,实现在统一的数据结构框架下,全生命期各阶段信息顺利传递。进一步,根据模型交付的要求,对钢筋及土石方等建模难度较大的部分,采用简化模型进行表达,保持 EMBS 的每个末端节点需有模型单元与之对应的基本原则。

第3章 隧道工程BIM标准研究

3.1 BIM标准体系研究

3.1.1 数据标准

在 BIM 标准体系中,数据标准包括建筑信息模型数据存储标准(简称"IFC 标准")、建筑信息模型分类和编码标准(简称"IFD 标准")、建筑信息传递标准(简称"IDM 标准")、建筑信息模型数据字典标准(简称"bsDD 标准")四个部分。

1) IFC 标准

IFC 是一种面向建筑业领域的开放数据模型,旨在促进建筑信息模型的数据交换与共享。IFC 为工程建设领域的项目参与者提供了一个共同的数据结构,从而实现了在不同软件平台之间的无缝数据交流。目前,IFC 的最新版本为 IFC4x3 数据架构,如图 3-1 所示,其数据模型包括多个层次,如产品、几何、属性集和关系。IFC 的核心是基于对象的组织结构,其将建筑元素划分为各种类别,每个类别都有一组与之关联的属性和方法,用于描述和操作这些对象。IFC 还支持空间结构、构件分类、材料信息、构件连接,以及时间与成本信息等。

IFC 充当了不同软件之间的通用数据交换格式,使各种不同的 BIM 软件和工具之间能够共享和重用数据。IFC 数据架构建立的目的是支持多参与方在多个应用程序间无缝协作,从而提高工作效率,并降低在项目中的数据丢失或误解的风险。目前,大多数主流的 BIM 软件都提供了 IFC 导入、导出功能,如 Revit、ArchiCAD 和 Tekla Structures 等。此外,还有一些专门针对 IFC 的开发或查阅工具,如 xBIM、BIM vision 和 Ifc Quick Browser 等,常用的 IFC 工具见表 3-1。

常用的 IFC 工具 表 3-1

序号	名称	简介
1	BIM server	开源的 IFC 项目服务器
2	BIM surfer	开源的 IFCWebGL 查看器

续上表

序号	名称	简介
3	BIM Vision	第一个采用 IFC 格式的波兰浏览器
4	IfcOpenShell	基于 OpenCASCAD 平台的免费开源 IFC 几何引擎
5	IfcPlusPlus	基于 C++ 实现的 IFC 文件读写器
6	FreeCAD	基于 OpenCASCAD 平台的开源参数化 3D CAD 建模器
7	Ifc Quick Browser	用于大型 IFC 文件的文本浏览器,IFC 文件能以树结构显示
8	xBIM Toolkit	一个.NET 开源软件开发工具包,BIM 支持完整 IFC2x3 和 IFC4 数据模型

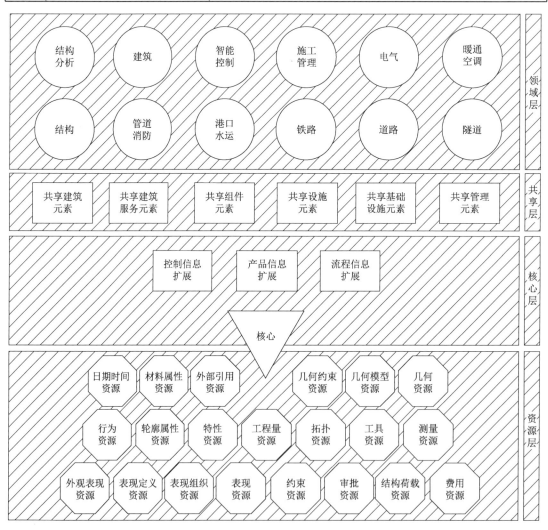

图 3-1　IFC 数据架构(来源于 buildingSMART 官网)

IFC 使用过程中往往需面向特定领域进行拓展,如隧道工程、桥梁工程等。为了使 IFC 能够更好地实现在多个应用程序间协作的目标,2023 年初,中交二公院参与了由中国建筑标准设计研究院牵头的 CN-IFC 的编制工作,旨在承接国际 IFC 标准,并面向我国行业需求对 IFC 数据架构进行大规模扩展,以满足国内 BIM 数据交换的需要。

国际标准 Industry Foundation Classes（IFC）for data sharing in the construction and facility management industries—Part 1：Data schema（ISO 16739-1：2018）对IFC的数据模式的发布、文档说明、属性和数量集定义，以及交换文件格式结构进行了全面的规定。模式、属性和数量集，以及使用约束在内部以UML类图的形式编写，并以下列计算机可解释的模式发布：

（1）根据 Industrial automation systems and integration—Product data representation and exchange—Part 11：Description methods：The EXPRESS language reference manual（ISO 10303-11：2004），采用EXPRESS数据规范语言。

（2）根据 Industrial automation systems and integration—Product data representation and exchange—Part 28：Implementation methods：XML representations of EXPRESS schemas and data, using XML schemas（ISO 10303-28：2007），采用XML模式定义语言。

（3）根据 Industrial automation systems and integration—Product data representation and exchange—Part 21：Implementation methods：Clear text encoding of the exchange structure（ISO 10303-21：2002）中定义的交换结构的明文编码。

（4）采用可扩展标记语言（Extensible Markup Language，XML）模式，即万维网联盟（World Wide Web Consortium，W3C）推荐标准，并具有IFC特定翻译的语言形式。

2）IFD标准

国际字典框架（International Framework for Dictionaries，IFD）是一种用于对建筑信息模型进行分类和编码的标准化方法，能使工程信息模型中的工程对象被准确地识别、归类和管理，进而实现数据的组织、传输和共享。

目前，国内外均有广泛使用的建筑信息模型分类编码标准，其中国际标准 Building construction—Organization of information about construction works—Part 2：Framework for classification（ISO 12006-2：2015）作为工程信息模型分类的方法论，虽未直接给出编码，但对信息分类关系的框架作出了规定，并对分类的概念进行了明确，基本分类关系框架如图3-2所示。

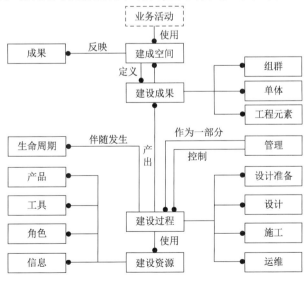

图3-2 基本分类关系框架（来源于ISO 12006-2：2015）

基于 *Building construction—Organization of in formation about construction works—Part 2：Framework for classification*（ISO 12006-2：2015），各个国家和组织也发布了具体的建筑信息模型分类编码标准，如 *Industrial systems，installations and equipment and industrial products—Structuring principles and reference designations—Part 12：Construction works and building services*（ISO 81346-12：2018）、MasterFormat 标准、OmniClass 标准、Uniclass 标准、《建筑信息模型分类和编码标准》（GB/T 51269—2017）、《公路工程信息模型应用统一标准》（JTG/T 2420—2021）等，这些标准采用不同的分类原则，对建筑构件、产品、功能和用途进行分类和编码，以便在工程建设领域进行统一的表述和交流，从而提高工作效率、降低成本。

IFD 标准应面向对象，明确编码的基本原则，包括唯一性、可读性、可识别性、可查询性等；定义编码的体系结构，包括大类、中类、小类和细类等级别，以及各级别编码的规则和范围；明确编码的规则和方法，包括数字编码、字母编码、组合编码等，以及各种编码的应用场景和限制条件；描述编码在 BIM 项目中的应用方法和步骤，包括编码的录入、查询、修改和删除等操作。

3）IDM 标准

信息交付手册（Information Delivery Manual，IDM）是对工程信息进行划分与封装，将全生命期某一特定阶段的信息需求标准化，并把需求利用软件进行固化，结合工业基础类及模型视图定义（Model View Definition，MVD）将信息进行交付，规范信息的生成与使用，实现信息的标准化传递，其基本框架如图 3-3 所示。

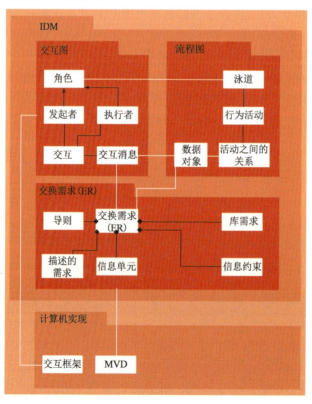

图 3-3　IDM 基本框架（来源于 ISO 29481-1：2016）

IFC 数据架构虽然能够解决数据交付的互操作性问题,但由于其数字化定义过于全面和详细,并包含了建筑业中的多个行业,如果软件在每一类数据交换中都对整个 IFC 进行全面适配,则会造成信息内容的烦冗复杂,从而造成模型数据量过大,对软硬件造成性能负担,降低效率,并且无法自动过滤敏感信息,增加了信息安全风险。因此,MVD 应运而生。MVD 是目前国际通用的制定 BIM 数据交换标准的方法,可看作是 IFC 数据模型的子集。其规定了数据交换需求的角色、时间和目的,并对数据交换中需要的对象(建筑构件、空间)的类别,以及每种对象应具有的几何、属性和关系的数据规则进行约束。为了 MVD 的开发,工程建设行业专家需要提前对业务、流程、任务、数据、责任方等进行结构化梳理,形成信息需求,这一过程所形成的标准化信息交付方法规程,即信息交付标准,具体见 3.1.2 节。

4) bsDD 标准

建立数据字典(buildingSMART Data Dictionary,bsDD)的作用是让行业中尽可能多的人使用相同的语言,并清楚地理解每个术语是如何定义和消除歧义的。在数字工程的环境中,不会有一个单一的数据字典来包含所有 BIM 领域所需的全部定义。不同的群体,将根据他们的需求,创建单独的数据字典,因此,我们将面临各种不同的数据字典。这些数据字典可能驻留在同一平台上,但逻辑上它们是分离的。对于 BIM 的未来发展,重要的是要确保这些数据字典可以在工具和应用程序中具有互操作性。

因此,在建立一套可用于信息传递的数据资源时,首先应遵循 Building construction—Organization of information about construction works—Part 3:Framework for object-oriented information(ISO 12006-3:2007)的规定,搭建数据字典的框架,确定都有什么属性,属性之间的关系,定义好相应的字段、单位等;然后利用 Building information modeling (BIM)—Data templates forconstruction objects used in the life cycle of built assets—Concepts and principles(ISO 23387:2020)中的数据模板创建方法,面向应用或地区的字典进行创建,并实现数据字典能够与 IFC 数据架构定义的实体进行连接,在数据字典中提供有关这个实体的所有信息、细分分类等内容,如图 3-4 所示,再与 ISO 12006-2:2015 分类体系连接,最终形成一套计算机可读的 BIM 数据。

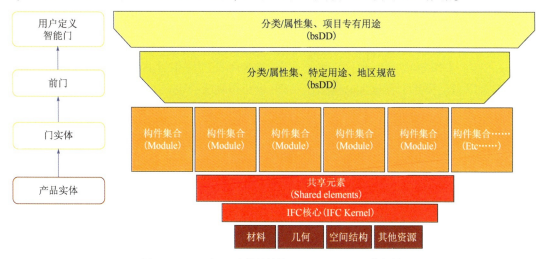

图 3-4 bsDD 对 IFC 实体的扩展(buildingSMART 远期规划)

数据模板指导数据字典的建立,是在 ISO 12006-3:2007 的基础上进一步细化对象,更强调面向具体应用的场景,同时,利用 ISO 12006-3:2007 的方法使 IFC 的实体、分类体系在数据模板中形成有机的统一,从而形成数据闭环,见表3-2、表3-3。

IFC 的类与数据模板概念关联 表3-2

IFC 的类	ISO 12006-3 关系	数据模板概念
Entity/Entity type(实体/实体类型)	XtdRelAssociates	Construction object(建筑对象)
Property/Quantity(特性/数量)	XtdRelAssociates	Property/Specific property(特性)
Measure with unit(计量单位)	XtdRelAssociates	Quantity(数量)

分类与数据模板概念关联 表3-3

分类	ISO 12006-3 关系	数据模板概念
Classification level(分类级别)	XtdRelAssociates	Construction object(建筑对象)
Classification level(分类级别)	XtdRelAssociates	Property/Specific property(特性)
Classification level(分类级别)	XtdRelAssociates	Quantity(数量)

3.1.2 实施标准

实施标准是覆盖隧道工程全生命期的标准,包括实体结构分解标准、交付标准、模型表达标准、应用标准四个部分。实施标准是数据标准和实际工程业务活动映射的规范,将 BIM 技术在隧道工程中真正推广应用。实施标准的抽象模型主要基于数据标准。其中,IFD 标准指导实施标准中资源的组织和定义;IDM 标准规范实施标准中行为的职责、要求和规章;IFC 标准指导实施标准中交付物的定义和管理。工程参建单位可根据实施标准对自身的工作程序、管理模式、资源搭建、环境配置及成果交付物进行规范。

1)实体结构分解标准

实体结构分解标准是建立一套标准化公路工程实体分解结构,采用系统分析方法将公路工程实体对象按照专业系统分解成相互独立而又相互联系的工程项目单元,并作为工程项目管理对象,满足工程管理需求。目前,国内外分解结构主要包括 Uniformat II、Master Format TM、OmniClass、工作分解结构、项目分解结构等,是为不同的应用目的而建立,因此,划分原则和细度都难以满足公路工程全生命期信息管理,也难以适应目前的标准体系和技术发展趋势。

公路工程信息模型设计、施工及运维的应用标准,均对各自阶段的数字化应用和交付做出规定,从工程实践反馈的情况来看,公路工程跨阶段的信息交付与传递仍存在障碍,实体结构分解得到一种适宜的数据组织架构,承载不同阶段的信息并能通过建立统一的映射关系完成顺畅的信息传递。同时,详细规定了公路工程实体结构分解(Engineering Breakdown Structure, EBS)的基本原则和各专业分解方案,规定公路工程实体结构的分解方案、层级划分、层次关系、单元名称及编码,基于目前面分法分类体系,进一步建立一个能够将专业系统单元进行良好组织的树状结构,响应目前设计和施工阶段的各等级新建和改扩建公路工程项目数字化应用与交付的现实需求,对各专业的工程对象进行组织,起到跨阶段信息承载和传递的作用。

2）交付标准

交付标准是用于指导建筑信息模型数据交换和共享的方法，旨在确保工程全生命期各个阶段都能满足特定的信息需求。提供了一种清晰、一致的框架，可以用于描述项目参与者之间的信息交流过程。其核心目标是通过定义明确的工作流程和责任，减少数据丢失、重复劳动和沟通不畅的风险。

目前，国际标准和国家标准对信息交付均有相应规定。国际标准 ISO 29481-1:2016 定义了一种用于制定业务流程的方法，以便在建筑工程项目中实现有效的数据交换和共享。通过遵循这一标准，项目团队可以确定每个阶段所需的信息、参与者角色，以及完成各项任务所需的时间和资源。国家标准《建筑信息模型设计交付标准》（GB/T 51301—2018）结合了部分 ISO 29481-1:2016 的思路，针对国内 BIM 使用特点，制定了交付准备、交付物和交付协同等规则。《公路工程设计信息模型应用标准》（JTG/T 2421—2021）、《公路工程施工信息模型应用标准》（JTG/T 2422—2021）规定了交付成果内容及交付深度等。

交付标准在执行过程中，需明确是面向跨阶段的交付还是面向 BIM 应用的交付，也就是首先需明确信息需求，详见 2.3.2 节，确定各参与方在何时、需要何种信息，并建立合理的工作流程、责任矩阵，明确数据交换过程中采用的软件、数据格式、支撑交付的数字环境等，最终实现数据的交付。

3）模型表达标准

建筑信息模型表达标准是在交付标准的基础上，在建模和交付过程中，针对建筑信息模型或交付物的表达规则。表达标准主要解决下列问题：人机交互过程中，信息的快速识别；工作协同过程中，信息理解的一致性；信息交付时，信息表达的高效性和有序性。

参考国内外相关标准，特别是 ISO、CEN 等国际组织制定的相关 BIM 实施和表达标准，结合中国国家和行业标准，如《建筑工程设计信息模型制图标准》（JGJ/T 448），制定具有兼容性的建筑信息模型表达规则。主要包括以下方面：在交付标准基础上，进一步规定模型精细度和细节级别，即 L（Level of model definition）和 Gx（也可称为 Level of geometry，LOG），以满足不同阶段的设计、施工和运维需求；参数和属性表达方法，包括呈现方式、中文和英文名称、计量单位等的表述方法；创建统一的视图和报告模板，以便于跨项目和参与者之间的信息共享和协作；明确各类交付物的分类方法、排序方式、编号方法等；明确具有关联性的交付之间的关联关系界定规则。

4）应用标准

应用标准需在建筑信息模型交付标准和表达标准的基础上，制定各应用点上对信息的需求和应用过程，以及应用的输出成果。参考国家标准《建筑信息模型设计交付标准》（GB/T 51301—2018），应用标准在此基础上，结合规划及设计阶段的 BIM 实施特点，针对数据应用方法和具体应用点进行规定，包括 BIM 应用的原则；说明应用过程，包括应用准备、模型生产、应用实施等。

其中，应用准备包括信息交换需求确定、数据准备与实施方案编制，以设计为例，典型工作流程如图 3-5 所示。

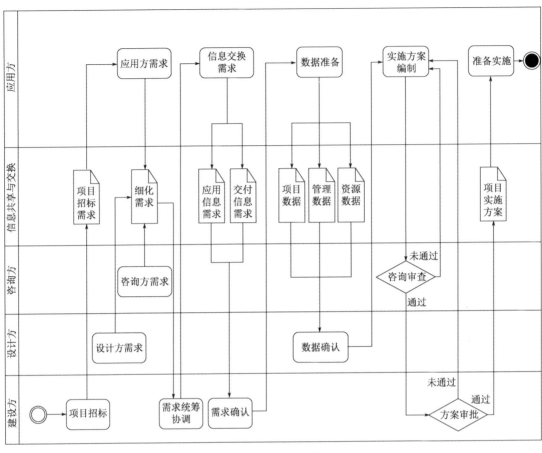

图 3-5 应用准备典型工作流程

模型生产过程中需明确各方责任并制定责任矩阵,可根据信息交付的需要制定多套责任矩阵,常见的责任矩阵见表 3-4。表中"★"表示负责责任,"▲"表示执行责任,"△"表示配合责任,"○"表示监督责任。当多个参与方的任务由同一主体实施时,其责任应合并,并明确责任主体。

建筑信息模型应用常见责任矩阵　　　　表 3-4

序号	工作内容	建设方	设计方	信息模型应用方	信息模型咨询方
1	编制设计信息模型招标文件	★▲	△	△	△
2	数据准备	△	△	★▲	△
3	编制项目实施方案	○	△	★▲	△
4	审批项目实施方案	★▲	△	△	△
5	搭建协同环境	○	△	★▲	△
6	应用信息模型创建	○	△	★▲	△
7	模型应用	○	△	★▲	△
8	审查应用成果	○	△	△	★▲
9	模型应用成果验收	★▲	△	△	△

续上表

序号	工作内容	建设方	设计方	信息模型应用方	信息模型咨询方
10	设计信息模型创建	○	△	★▲	△
11	审查设计信息模型	○	△	△	★▲
12	设计预交付	○	△	★▲	○
13	设计交付验收	★▲	△	△	△

应用实施前明确应用需求,开展相应的应用并最终交付应用成果,常用应用需求类别见表3-5。

常用应用需求类别 表3-5

应用阶段	应用点	应用要求
可行性研究	□BIM+GIS方案展示	建立工可方案BIM+GIS三维场景进行可视化展示
	□BIM实景合成	将工可方案模型与航飞视频实景合成可视化展示
	□方案论证与比选	建立工可多方案模型开展比选论证
	□工程量统计	基于信息模型进行工程量统计
初步设计	□BIM+GIS方案展示	建立初设方案BIM+GIS三维场景进行可视化展示
	□BIM实景合成	将初设方案模型与航飞视频实景合成可视化展示
	□专业协同设计	基于模型的各专业协同设计
	□复杂节点设计	复杂节点三维深化设计与出图
	□方案论证与比选	建立初设多方案模型开展比选论证
	□限界核查和碰撞检查	通过限界核查和碰撞检查消除设计冲突
	□工程量统计	基于信息模型的工程量统计
	□交通组织模拟	交通组织方案模拟展示与分析
	□BIM出图	基于模型的部分图纸输出
施工图设计	□BIM+GIS方案展示	建立设施方案BIM+GIS三维场景进行可视化展示
	□专业协同设计	基于模型的各专业协同设计
	□复杂节点设计	复杂节点三维深化设计与出图
	□限界核查和碰撞检查	通过限界核查和碰撞检查消除设计冲突
	□工程量统计	基于信息模型的工程量统计
	□有限元几何模型创建	进行有限元分析所需几何模型的快速创建
	□交通组织模拟	交通组织方案模拟展示与分析
	□交通安全评价	基于驾驶模拟的交通安全评价
	□BIM出图	基于模型的部分图纸输出
基础技术条件		运用软件及版本
项目协同方式	□平台协同 □文件协同 □其他	
	数据存储格式	□.ifc □.dgn □.dwg □.rvt □.nwd □其他
	数据访问方式	□网页 □App □其他

续上表

应用阶段	应用点	应用要求
交付需求	交付物类别	☐模型　☐属性数据表 ☐图纸　☐工程数量表 ☐应用报告　☐可视化文件 ☐其他
	交付物模型精细度	☐L1.0　☐L2.0　☐L3.0　☐其他
	交付方式	平台交付或电子文件交付
	交付计划	交付里程碑时间点

3.1.3 支撑标准

支撑标准包括软件资源标准、硬件资源标准和 CDE 标准三部分。

1）软件资源标准

软件资源包括通用类、专用类和平台类。通用类软件主要用于两个及以上生命阶段的软件,完成通用建模和表达、模型整合与管理、环境拍照及扫描、可视化仿真等。常见的通用类软件有通用建模软件、模型轻量化浏览软件、VR 软件等。专用类软件主要用于根据全生命期细分的专用场景软件,常见的专用类软件有算量软件、参数化设计优化软件等。平台类软件能够实现基于网络传输的数据存储、共享并提供多点协同等综合功能的平台或软件体系,常见的平台类软件有项目协同平台、运维管理平台、文档管理平台等。

软件资源标准根据业务范围和需求统筹整理 BIM 软件手册,形成软件产品推荐列表,统一规范 BIM 实施的软件环境,明确软件资源应符合的原则、管理要求等,并根据 BIM 应用需求为软件选择提供参考。

2）硬件资源标准

硬件资源是指不面向特定应用场景而提供底层技术支持环境的硬件或硬件集成,分为设备类硬件和组件类硬件。设备类硬件用来运行常用数字化软件的设备或硬件集成,如工作站、笔记本电脑、服务器、云存储设备等;组件类硬件是设备的组成构件,是为了顺畅运行数字化软件而提升设备性能的组件,如显卡、内存、存储等。硬件资源标准根据应用软件的配置需求,合理制定硬件产品推荐列表,并提供选择参考。

3）CDE 标准

目前 CDE 相关标准如 ISO 19650 系列标准、新加坡 CDE 指南等,建立 CDE 标准的目的是确保项目信息与建设过程中的数据保持一致性和更好地进行信息管理;保证项目团队成员在 CDE 中及时访问最新的、相关的和可靠的项目信息,并通过 CDE 对项目信息进行共享、交换、沟通和管理等工作,促进项目团队成员之间的紧密协作;合理分配项目团队资源的同时,提供可靠的项目绩效依据。

3.1.4 公路工程 BIM 标准体系

2021年交通运输部陆续发布了《公路工程信息模型应用统一标准》(JTG/T 2420—2021)、《公路工程设计信息模型应用标准》(JTG/T 2421—2021)和《公路工程施工信息模型应用标准》(JTG/T 2422—2021)三部行业标准。其中,《公路工程信息模型应用统一标准》(JTG/T 2420—2021)作为公路工程 BIM 系列标准的数据标准,目的是规范全生命期公路工程应用中对 BIM 技术的要求,该标准明确了公路工程信息模型的框架,建立了公路工程信息模型分类编码体系,基于 IFC4x1 国际标准建立了公路工程信息模型数据存储结构;《公路工程设计信息模型应用标准》(JTG/T 2421—2021)、《公路工程施工信息模型应用标准》(JTG/T 2422—2021)分别规范了公路工程在设计期、施工期应用 BIM 技术的要求。

三部行业标准的发布实施,为加快 BIM 技术在公路工程项目中的应用、保障 BIM 交付成果的质量、促进全生命期信息的共享和交换提供了技术支撑。公路工程 BIM 标准体系如图 3-6 所示。

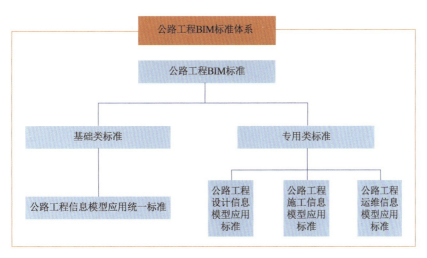

图 3-6 公路工程 BIM 标准体系

3.2 行业标准解读

2016年,交通运输部开展交通运输战略规划政策研究项目计划,并正式立项了"建筑信息模型(BIM)技术应用及产业化政策研究"(编号2016-4-1),由交通运输部公路局、水运局牵头,安全与质量监督管理司、科技司参加,中国交通建设集团有限公司作为研究支撑单位,组织中交第二航务工程勘察设计院有限公司、中交第一公路勘察设计研究院有限公司、中交第二航务工程局有限公司、中交公路规划设计院有限公司、重庆港物流集团有限公司、云南省麻昭公路建设指挥部、大连理工大学等相关单位和高校开展 BIM 技术在公路行业的应用及产业化政策研究。

2017年交通运输部下达了《交通运输部关于下达2017年度公路工程行业标准制修订项目计划的通知》，开始启动《公路工程信息模型应用统一标准》(JTG/T 2420)、《公路工程设计信息模型应用标准》(JTG/T 2421)、《公路工程施工信息模型应用标准》(JTG/T 2422)三部标准的编制工作，由中国交通建设集团有限公司、中交第一公路勘察设计研究院有限公司、中交第二航务工程局有限公司、中交第二公路勘察设计研究院有限公司、中交公路规划设计院有限公司承担编制。中交第二公路勘察设计研究院有限公司负责标准中隧道工程、交通工程及沿线设施相关工程技术内容的编写。

公路工程基础设施数字化是加快建设交通强国、推动智慧公路发展的主要内容和基础性工作。BIM技术在我国公路工程中的深入广泛应用，加速了公路行业的数字化发展，促进了公路设计、施工、运维技术的协调发展。为适应我国公路行业应用BIM技术的需求，推动公路工程BIM技术的良性发展和全生命期应用，进一步提升公路工程全生命期BIM技术的应用水平和数字化水平，交通运输部制定了公路工程BIM技术基础标准，确定公路设施模型架构、模型编码、数据格式等内容，规范信息模型在公路工程全生命期应用的技术要求，为下一步公路数字化打下基础。

作为公路工程全生命期BIM技术应用的基础标准，三部行业标准旨在规范全生命期公路工程BIM技术应用的基本要求，明确模型架构、分类、存储及各阶段应用交付等，保证公路工程各阶段模型和信息的有效共享、继承和传递。

3.2.1 信息模型架构

《公路工程信息模型应用统一标准》(JTG/T 2420—2021)构建了由项目、设施、子设施、构件组成的公路工程信息模型架构，并提出了公路工程全生命期信息的模型内容和架构扩展方法；标准将项目、设施、子设施及构件这种架构蕴含的组成关系延伸为成果分类面，并制定了相应的分类表，用统一的架构明确了公路工程对象的语义体系；作为应用统一标准，该架构在模型内容方面兼顾了设计、施工阶段的需求，如将小桥和涵洞归为路基模型范畴，解决了各参与方对公路工程信息模型架构理解不一致的问题，很好地协调了设计、施工阶段的BIM应用标准；此外，上述三级架构也充分考虑了与IFC存储结构的对应性，IFC采用了面向对象的方式定义和存储定义，分别定义了IfcFacility(设施)、IfcFacilityPart(子设施)、IfcProduct(构件)类实体，建立了实体之间的继承关系，公路工程信息模型架构的设计与之契合。

一般情况下，构件组成子设施、子设施组成设施，但在模型中也存在同级嵌套的情况，如图3-7所示。如一座特大桥由引桥和主桥组成，特大桥、引桥和主桥都属于设施。构件嵌套的情况，例如墩柱和盖梁组成桥墩，墩柱、盖梁和桥墩都属于构件。

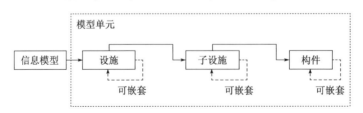

图3-7 同级嵌套

公路隧道工程(钻爆法施工)信息模型架构如图 3-8 所示,子设施包括洞口、洞身及辅助通道,以及防排水系统。洞口子设施包括翼墙、端墙、顶帽、环框、洞口排水、洞口防护,以及明洞等构件。洞身及辅助通道子设施包括超前支护、初次支护和二次衬砌等三类构件,其中,超前支护构件又包括超前锚杆、超前小导管、超前管棚和套拱等,初次支护构件包括系统锚杆、锁脚锚杆、喷射混凝土等,二次衬砌构件包括拱墙、仰拱、仰拱回填等。防排水系统子设施包括路侧边沟、中心水沟、纵向排水管、横向排水管、竖向排水管等构件。

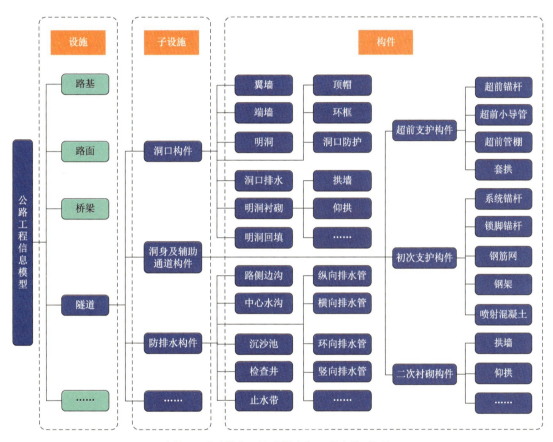

图 3-8 公路隧道工程(钻爆法施工)信息模型架构

3.2.2 分类编码原则

1)分类方法

分类和编码是对信息语义的规定,《公路工程信息模型应用统一标准》(JTG/T 2420—2021)将信息模型涉及的信息按成果、过程、资源、属性及其他五个方面进行分类和编码,提出设施、子设施、构件、建设阶段、专业领域、材料、特征属性、地形地质等共八张分类表,见表 3-6。通过构建公路工程分类编码体系,规范工程信息语义,确保工程各参与方及工程项目不同阶段的信息化系统,在信息共享和交换中对工程信息的理解保持一致。

公路工程信息分类　　　　　　　　　　　　　表3-6

表代码	分类表	附录	分类对象	备注
16	设施	A.0.1	成果	编制
17	子设施	A.0.2	成果	编制
18	构件	A.0.3	成果	编制
26	建设阶段	A.0.4	过程	编制
27	专业领域	A.0.5	过程	编制
32	工具	—	资源	引用
33	信息	—	资源	引用
36	材料	A.0.6	资源	编制
41	属性	—	属性	引用
46	特征属性	A.0.7	属性	编制
51	地形地质	A.0.8	其他	编制

其中,公路工程管理设施和服务设施中建筑的分类和编码在《建筑信息模型分类和编码标准》(GB/T 51269—2017)中已明确规定,直接引用。表3-6中的分类表是在《建筑信息模型分类和编码标准》(GB/T 51269—2017)中规定的分类表代码之后扩展得到,《建筑信息模型分类和编码标准》(GB/T 51269—2017)建设成果分类表表代码为10、11、12、13、14、15,行业标准成果分类表表代码为16、17、18。隧道工程构件分类和编码见表3-7。

隧道工程构件分类和编码　　　　　　　　　　表3-7

编码	一级类	二级类	三级类	四级类
18-06.00.00.00	隧道构件			
18-06.01.00.00		洞门构件		
18-06.01.01.00			端墙	
18-06.01.02.00			顶帽	
18-06.01.03.00			环框	
18-06.02.00.00		明洞		
18-06.02.01.00			明洞衬砌	
18-06.02.02.00			明洞回填	
18-06.03.00.00		超前支护构件		
18-06.03.01.00			超前锚杆	
18-06.03.02.00			超前小导管	
18-06.03.03.00			超前管棚	
18-06.03.04.00			套拱	
18-06.04.00.00		初次支护构件		
18-06.04.01.00			系统锚杆	
18-06.04.02.00			锁脚锚杆	

续上表

编码	一级类	二级类	三级类	四级类
18-06.04.03.00			钢筋网	
18-06.04.04.00			钢架	
18-06.04.05.00			喷射混凝土	
18-06.05.00.00		二次衬砌构件		
18-06.05.01.00			拱墙	
18-06.05.02.00			仰拱	
18-06.05.03.00			仰拱回填	
18-06.06.00.00		防排水构件		
18-06.06.01.00			止水带	
18-06.06.02.00			纵向排水管	
18-06.06.03.00			横向排水管	
18-06.06.04.00			环向排水管	
18-06.06.05.00			竖向排水管	

《公路工程信息模型应用统一标准》(JTG/T 2420—2021)中分类的依据是国际标准 ISO 12006-2:2015,这与国家标准《建筑信息模型分类和编码标准》(GB/T 51269—2017)的分类依据是一致的。公路工程将对象分为设施、子设施、构件三种,这与 ISO 12006-2:2015 中的成果类组群(construction complex)、单体(construction entity)、元素(construction element)的分类框架类似。

ISO 12006-2:2015 中明确说明了分类的概念,对象类型按类型(type of)和组成(part of)划分。

类型(type of)分类是根据感兴趣(或与应用场景需求强相关)的特征来区分对象,具体通过表示感兴趣(或与应用场景需求强相关)特征的属性来定义,这个定义过程需要先确定整个对象集合的通用属性,从而得到分类中最为通用的部分;再根据应用场景需求的关注点不同,将通用的类型细分为更专业的类型,从而构成通用到专业的分类结构。常采用枚举分类系统,尽可能列出其定义的适用范围内所有可能的类别,许多情况下使用层次结构表示,一个完整的枚举分类系统在性质上往往非常复杂,分类的基本构造原则是很难确定的。

组成(part of)分类是一个复杂系统的总体特征概述,这个复杂系统是将多个系统组合在一起,以完成任何一个单一系统都无法独立完成的任务。当将单一对象添加到整体时,整体并没有发生本质上的变化,则该对象就是整体的一部分或组成(part of)。例如,如果将砖添加到墙或从墙中减去,则整体仍然是墙系统。该分类根据不同的方面,存在不同的部分-整体关系,如从功能角度来看,部分的功能是整体功能的基础;从空间角度来看,部分的空间扩展包括在整体的空间扩展中;从装配角度来看,部分-整体关系意味着物理部分的存在先于整体的存在。常采用分面分类系统,这个系统允许将多个分类分配给一个对象,一个对象可以通过来自不同分类的组合来描述,换句话说,一个对象可以被归类到多个不同的分类中,而且这些分类可以根据对象的不同特征或属性灵活组合。

公路工程信息模型的分类方法是将枚举分类和分面分类结合使用,分类系统的较高级别可以遵循枚举方法,将单个类的适用范围缩小到可管理的大小;在较低的层次上,应用分面方法来明确指定分类系统中类包含的概念及性质。这也是《信息分类和编码的基本原则与方法》(GB/T 7027—2002)中所述的混合分类法。

在分类的实际使用过程中,需要从上述类型中对对象进行实例化表达,实例化的过程大体分为两种,一是用需求的对象来替换原类型对象,二是向原类型对象添加属性。根据实践经验,在模型应用的全流程中,保留原始对象是较好的做法,如系统锚杆类型在实例化为预应力锚杆或螺纹锚杆时,不需要通过添加额外的分类对象来创建,而是建议通过属性"预应力"来完成实例化,这将大大提高分类体系的应用范围,保证分类体系的稳定性。

2) 编码规则

分类表内的分类按层级依次分为一级类目、二级类目、三级类目和四级类目。分类表内的编码由 2 位表代码、2 位一级类代码、2 位二级类代码、2 位三级类代码和 2 位四级类代码组成,表代码和一级类代码之间使用英文半角字符"-"连接,相邻层级代码之间使用英文半角字符"."隔开,编码结构如图 3-9 所示。

图 3-9　编码结构

一级类编码,前 2 位表示表代码,加 2 位一级类代码,后 6 位用"0"补齐;二级类编码,前 4 位与一级类编码相同,加 2 位二级类代码,后 4 位用"0"补齐;三级类编码,前 6 位与二级类编码相同,加 2 位三级类代码,后 2 位用"0"补齐;四级类编码,前 8 位与三级类编码相同,后 2 位表示四级类代码。例如,18-02.00.00.00 表示一级类编码,18-02.01.00.00 表示二级类编码,18-02.01.01.00 表示三级类编码,18-02.01.04.01 表示四级类编码。

3) 编码应用

由于需求的复杂性,通常单个编码不一定能满足对象描述的要求,需要借助运算符号来组织多个编码,实现精确描述和准确表达的目的。编码逻辑运算符号应采用"+""/"">"表示。

"+"用于将同一分类表或不同分类表中的编码联合在一起,以表示两个或两个以上编码含义的集合,并且联合"+"的编码所表示的含义和性质不相互影响。例如,表述"工字钢横梁"时,可利用"+"把描述"横梁"的编码和"工字钢"的编码联合起来,形成组合编码 18-04.07.02.00 + 36-16.06.00.00。

"/"用于将单个分类表中的编码联合在一起,定义一个分类表内的连续编码段落,以表示适合对象的分类区间,连续编码段落由"/"前的编码开始,至"/"后的编码结束。例如,若需要表示某一范围的"混凝土强度等级",可标记为 36-01.01.11.00/36-01.01.14.00,划定由 36-01.01.11.00 开始至 36-01.01.14.00 结束的范围,即表示从 C65 至 C80 混凝土强度等级。

">"用于将同一分类表或不同分类表中的编码联合在一起,以表示两个或两个以上编码对象的从属或主次关系,开口正对编码表示对象更重要或为主体。与使用"+"不同,使用">"可以改变组合中分类编码重要性的排列顺序,符号开口方向朝向概念更重要的分类对象。例如,18-04.07.02.00 > 36-16.06.00.00 仍然代表"工字钢横梁",开口方向朝向横梁的编码18-04.07.02.00。

由逻辑运算符号联合的多个编码,应按从属或主次关系依次组合,主要的在前,次要的在后。当重要性相同时,应按从小到大的顺序组合。多个编码的组合顺序非常重要,有序的组合有利于编码的管理。例如,表示混凝土强度等级在 C65 到 C80 之间的横梁,组合顺序为 18-04.07.02.00 + 36-01.01.11.00/36-01.01.14.00。

4)编码扩展

分类编码的扩展应与现有分类表协调一致,不能改变现有条目和编码。分类编码可根据工程需要扩展分类表和分类条目。扩展的分类条目宜选择合适的位置,且其代码从 60 开始。选择从代码 60 开始,主要是考虑到公路工程对象众多,在行业标准修编时势必会对工程信息语义进行补充,扩展时留足代码空位,能够有效降低本标准修编后对目前行业使用所造成的影响。

根据标准规定的分类与扩展方法,中交二公院 BIM 中心对隧道工程的语义进行了补充,涵盖了钻爆法、明挖法、盾构法、沉管法隧道常见的工程对象,隧道工程子设施分类和编码见表 3-8,隧道工程构件分类和编码见表 3-9。

隧道工程子设施分类和编码　　　　表 3-8

编码	一级类	二级类	三级类	四级类	备注
17-04.00.00.00	隧道				
17-04.01.00.00		洞口			
17-04.01.60.00			洞外结构		扩展
17-04.01.61.00			洞门建筑		扩展
17-04.01.62.01			工作井		扩展
17-04.01.63.01			洞口防排水		扩展
17-04.01.64.01			明洞段		扩展
17-04.02.00.00		洞身			
17-04.02.60.00			钻爆洞身(段)		扩展
17-04.02.61.00			明挖洞身(段)		扩展
17-04.02.61.01				基坑	扩展
17-04.02.61.02				敞开段	扩展
17-04.02.61.03				暗埋段	扩展
17-04.02.62.00			盾构洞身(段)		扩展
17-04.02.63.00			沉管洞身(段)		扩展

续上表

编码	一级类	二级类	三级类	四级类	备注
17-04.02.63.01				沉管	扩展
17-04.02.63.02				护岸	扩展
17-04.02.63.03				干坞	扩展
17-04.03.00.00		辅助通道			
17-04.03.60.00			车行横洞		扩展
17-04.03.61.00			人行横洞		扩展
17-04.03.62.00			变电横洞		扩展
17-04.03.63.00			竖井		扩展
17-04.03.64.00			斜井		扩展
17-04.03.65.00			逃生疏散通道		扩展
17-04.03.66.00			横通道		扩展
17-04.03.67.00			联络风道		
17-04.04.00.00		防排水			
17-04.05.00.00		路面(段)			
17-04.60.00.00		设备用房			扩展
17-04.60.01.00			变电所		扩展
17-04.60.02.00			泵房		扩展
17-04.60.03.00			风机房		扩展
17-04.60.04.00			风塔		扩展
17-04.60.05.00			管理用房		扩展
17-04.61.00.00		预留预埋			扩展

隧道工程构件分类和编码　　　　　　　　　　　　　　　表3-9

编码	一级类	二级类	三级类	四级类	备注
18-06.00.00.00	隧道构件				
18-06.01.00.00		洞门构件			
18-06.01.01.00			端墙		
18-05.01.01.00			翼墙		引自涵洞
18-06.01.02.00			顶帽		
18-06.01.03.00			环框		
18-06.01.60.00			光过渡建筑		扩展
18-06.01.61.00			始发工作井		扩展

续上表

编码	一级类	二级类	三级类	四级类	备注
18-06.01.62.00			接收工作井		扩展
18-06.01.63.00			边仰坡防护		扩展
18-06.01.64.00			洞口排水		扩展
18-06.01.65.00			洞口开挖		扩展
18-06.01.66.00			洞口回填		扩展
18-06.02.00.00		明洞			
18-06.02.01.00			明洞衬砌		
18-06.02.02.00			明洞回填		
18-06.02.60.00			棚洞		扩展
18-06.02.60.01				棚洞顶板	扩展
18-06.02.60.02				内边墙	扩展
18-06.02.60.03				外侧边墙	扩展
18-06.02.60.04				棚洞基础	扩展
18-06.03.00.00		超前支护构件			
18-06.03.01.00			超前锚杆		
18-06.03.02.00			超前小导管		
18-06.03.60.00			超前中导管		扩展
18-06.03.03.00			超前管棚		
18-06.03.04.00			套拱		
18-06.04.00.00		初次支护构件			
18-06.04.01.00			系统锚杆		
18-06.04.02.00			锁脚锚杆		
18-06.04.03.00			钢筋网		
18-06.04.04.00			钢架		
18-06.04.05.00			喷射混凝土		
18-06.05.00.00		二次衬砌构件			
18-06.05.01.00			仰拱		
18-06.05.02.00			拱墙		
18-06.05.03.00			仰拱回填		
18-06.61.00.00		隔热保温层			扩展
18-06.62.00.00		中隔墙			扩展
18-06.63.00.00		横洞门			扩展
18-06.64.00.00		基坑开挖			扩展

续上表

编码	一级类	二级类	三级类	四级类	备注
18-06.65.00.00		边坡防护			扩展
18-06.66.00.00		基坑排水			扩展
18-06.66.01.00			降水井		扩展
18-06.66.02.00			排水沟		扩展
18-06.67.00.00		围护结构			扩展
18-06.67.01.00			围护桩		扩展
18-06.67.01.01				灌注桩	扩展
18-06.67.01.02				搅拌桩	扩展
18-06.67.01.03				旋喷桩	扩展
18-06.67.01.04				板桩	扩展
18-06.67.02.00			围护墙		扩展
18-06.67.02.01				封堵墙	扩展
18-06.67.02.02				地下连续墙	扩展
18-06.67.02.03				导墙	扩展
18-06.67.02.04				挡土墙	扩展
18-06.67.02.05				土钉墙	扩展
18-06.67.03.00			预应力锚索		扩展
18-06.68.00.00		支撑结构			扩展
18-06.68.01.00			横向支撑		扩展
18-06.68.02.00			连系梁		扩展
18-06.68.03.00			冠梁		扩展
18-06.68.04.00			围檩		扩展
18-06.68.05.00			格构柱		扩展
18-06.68.06.00			立柱桩		扩展
18-06.69.00.00		基底结构			扩展
18-06.69.01.00			基础桩		扩展
18-06.69.02.00			基底地基处理		扩展
18-06.69.03.00			基底硬化层		扩展
18-06.69.04.00			基坑底板		扩展
18-06.70.00.00		主体结构			扩展
18-06.70.02.00			防撞侧石		扩展
18-06.70.03.00			侧墙		扩展
18-06.70.04.00			中墙		扩展
18-06.70.05.00			底板		扩展
18-06.70.06.00			顶板		扩展

续上表

编码	一级类	二级类	三级类	四级类	备注
18-06.70.07.00			中板		扩展
18-06.70.08.00			主体结构中隔墙		扩展
18-06.70.09.00			主体结构端墙		扩展
18-06.70.10.00			结构柱		扩展
18-06.70.11.00			结构梁		扩展
18-06.70.12.00			结构楼梯		扩展
18-06.70.13.00			支撑梁		扩展
18-06.71.00.00		洞顶回填			扩展
18-06.72.00.00		衬砌环			扩展
18-06.72.01.00			封顶块		扩展
18-06.72.02.00			邻接块		扩展
18-06.72.03.00			标准块		扩展
18-06.72.04.00			环向连接		扩展
18-06.72.05.00			纵向连接		扩展
18-06.72.06.00			管片防水		扩展
18-06.73.00.00		内部结构			扩展
18-06.73.01.00			口型构件		扩展
18-06.73.02.00			车道板		扩展
18-06.73.03.00			烟道板		扩展
18-06.73.04.00			纵梁		扩展
18-06.73.05.00			墙		扩展
18-06.73.06.00			柱		扩展
18-06.73.07.00			环框梁		扩展
18-06.73.08.00			隔墙板		扩展
18-06.73.09.00			侧石		扩展
18-06.73.10.00			牛腿支座		扩展
18-06.74.00.00		预制管节			扩展
18-06.74.01.00			管节段		扩展
18-06.74.01.01				混凝土管节	扩展
18-06.74.01.02				钢管节	扩展
18-06.74.01.03				钢壳混凝土管节	扩展
18-06.74.02.00			接头		扩展
18-06.74.02.01				管节接头	扩展
18-06.74.02.02				最终接头	扩展

续上表

编码	一级类	二级类	三级类	四级类	备注
18-06.74.03.00			预埋件		扩展
18-06.74.04.00			钢端壳		扩展
18-06.74.05.00			附属结构		
18-06.75.00.00		基槽基础			扩展
18-06.75.01.00			基槽开挖		扩展
18-06.75.02.00			基槽防护		扩展
18-06.75.03.00			地基处理		扩展
18-06.76.00.00		沉管回填			扩展
18-06.76.01.00			锁定回填		扩展
18-06.76.02.00			一般回填		扩展
18-06.76.03.00			覆盖回填		扩展
18-06.76.04.00			护面层回填		扩展
18-06.77.00.00		护岸构件			扩展
18-06.77.01.00			护岸基础		扩展
18-06.77.02.00			堤身		扩展
18-06.77.03.00			护面		扩展
18-06.77.04.00			防船撞设施		扩展
18-06.78.00.00		坞室			
18-06.78.01.00			坞底		扩展
18-06.78.02.00			坞墙		扩展
18-06.78.03.00			半潜驳		扩展
18-06.79.00.00		坞口			
18-06.79.01.00			垫层		扩展
18-06.79.02.00			坞口底板		扩展
18-06.79.03.00			侧壁		扩展
18-06.79.04.00			坞墩		扩展
18-06.79.05.00			坞门		扩展
18-06.79.06.00			钢围堰		扩展
18-06.79.07.00			止推墙		扩展
18-06.06.00.00		防排水构件			
18-06.06.60.00			路侧边沟		扩展
18-06.06.61.00			中心水沟		扩展
18-06.06.62.00			沉砂池		扩展
18-06.06.63.00			检查井		扩展
18-06.06.01.00			止水带		

续上表

编码	一级类	二级类	三级类	四级类	备注
18-06.06.02.00			纵向排水管		
18-06.06.03.00			横向排水管		
18-06.06.04.00			环向排水管		
18-06.06.05.00			竖向排水管		
18-06.06.64.00			防水层		扩展
18-06.06.65.00			盖板		扩展
18-06.06.66.00			集水井		扩展
18-06.06.67.00			防(排)水板		扩展
18-06.06.68.00			隧道底深埋排水沟		扩展
18-06.06.69.00			防淹挡板(防淹门)		扩展
18-06.80.00.00		预留预埋构件			扩展
18-06.80.01.00			通风系统预留预埋		扩展
18-06.80.02.00			消防系统预留预埋		扩展
18-06.80.03.00			供电照明系统预留预埋		扩展
18-06.80.04.00			监控系统预留预埋		扩展
18-06.80.05.00			预埋管道		扩展
18-03.00.00.00	路面构件				引自路面
18-03.01.00.00		面层			引自路面
18-03.01.01.00			水泥混凝土面层		引自路面
18-03.01.02.00			沥青混凝土面层		引自路面
18-03.01.03.00			沥青贯入式面层		引自路面
18-03.01.04.00			沥青表面处置面层		引自路面
18-03.02.00.00		基层			引自路面
18-03.02.01.00			稳定土基层		引自路面
18-03.02.02.00			稳定粒料基层		引自路面
18-03.02.03.00			级配碎(砾)石基层		引自路面
18-03.02.04.00			填隙碎石(矿渣)基层		引自路面
18-03.03.00.00		底基层			引自路面
18-03.03.01.00			稳定土底基层		引自路面
18-03.03.02.00			稳定粒料底基层		引自路面
18-03.03.03.00			级配碎(砾)石底基层		引自路面
18-03.03.04.00			填隙碎石(矿渣)底基层		引自路面
18-03.05.00.00		路缘石			引自路面

3.2.3 数据存储结构

一般软件之间使用文件进行信息共享和交换,不同软件有不同的文件格式要求,BIM 软件也一样,当前市场上流行的 BIM 软件种类繁多,文件格式也不尽相同,为 BIM 信息的共享和交换增加困难。IFC 标准作为目前广泛采用的通用建筑信息模型数据存储标准,为工程建设行业提供了一个中性、开放的 BIM 数据存储格式,实现各信息系统之间的有效信息交换。《公路工程信息模型应用统一标准》(JTG/T 2420—2021)根据公路工程特点,基于 IFC4x2 架构,结合公路工程信息模型架构和分类编码,采用属性和实体相结合的扩展方法,定义了路线、路基、路面、桥梁、涵洞、隧道、交通工程及沿线设施的存储结构与实体,为不同软件之间 BIM 信息的共享和交换提供了标准参考。

1) 数据架构

截至目前,buildingSMART 已经发布了 IFC4x3 版本架构。数据架构分为资源层、核心层、共享层、领域层四部分,数据模式中各层的引用符合"重力"原则,每个层只能引用同层或下一层的资源,而不能引用上一层的资源。

其中,最稳定、最核心的是核心层,自 IFC2x2 被确定后,buildingSMART 就非常谨慎地维护这部分内容,以确保整体架构的稳定性,核心层由 IfcControlExtension(控制信息扩展)、IfcKernel(核心)、IfcProcessExtension(流程信息扩展)、IfcProductExtension(产品信息扩展)四个部分组成。IfcKernel(核心)被称为"模板模型",它定义了架构中所有其他模型的数据模式,且独立于各领域存在,其提供 IFC 模型所需的所有基本概念,定义了最通用的实体,每个实体均有全局唯一标识符(Globally Unique Identifier,GUID)、所有者及历史继承消息,核心定义的实体也常用作扩展元素的父节点,以满足相关领域的扩展需求。资源层用于描述最基础的数据,包含所有独立的资源,其没有 GUID,也无法独立于其他层进行使用。共享层是领域层中各行业均会使用到的数据对象,定义了特定的产品、过程及资源实体,实现跨领域的数据交换和共享。领域层是定义行业领域特有的产品、过程或资源实体,实现领域内的数据交换和共享。

在查阅分析数据架构的过程中,常常发现 IFC 未能按照预期将模型元素与分类体系完全分离开来,而且还在很大程度上使用了与分类体系中一样的名字来定义元素,比如"IfcWall"等,虽然 IFC 数据架构仅想定义"墙"这个类,但它同时也说明了这个类的功能(比如封闭空间的作用),但又没能继续遵照某种分类标准进行进一步的分类。

buildingSMART 官方认为 IFC 只允许用户根据主要功能角色或作为系统的一部分对元素进行分类,这意味着在 IFC 中,元素的分类是基于其主要功能或其在系统中的角色来定义的,通过这种分类方式,IFC 可以提供一种标准的、基于功能和角色的元素分解方法,使不同软件和系统能够统一地理解和处理元素的分类信息。为此,IFC 开发人员通过分别定义模型元素、功能角色和系统,来实现一个元素承担多个角色或(和)成为多个系统的组成部分。因此,IFC 的核心扩展层或共享层内的元素并不等同于常规理解的分类体系,而应该被视为一种从实例建模角度出发设置的某种占位符,各实例通过 IFC 资源层提供的属性集等与属性信息关联,实现进一步的细节设计及多样化的分类需求。

IFC 这种数据架构的设计方法具有显著的优势,但也引起了一些争议。主要争议在于它采用实例建模的方式,而不是通过"概念"来区分事物。在 IFC 中,模型元素可以独立于空间、独立于功能或组合而被定义或识别,重点关注它们是什么,而不是它们扮演什么角色。这与我们通常的认知方式不同,我们习惯通过"概念"来区分事物,并赋予"概念"以分类的含义。以 IfcWall 为例,我们无法确定它是挡土墙还是翼墙,因此 IFC 提供了关系实体来建立实体对象之间的关系,包括其与属性、空间或其他实体对象的关系等,以确定每个实体的具体含义。

从上述的例子中可以看出,IFC 定义模型时带有很强的面向对象的基本思想,也就是将某类实例对象抽象为具有公共属性的对象类,这样开发人员就可以对整个类的集合使用公共的代码、定义和操作了。但是,IFC 也没有完全坚持面向对象的思想,抽象是要求将焦点从实例转移到类上,如果 IFC 真的这样做了,那么 IFC 的每个模型元素都应该能够被实例化,而不会受到功能、组合关系等的影响,而且 IfcRoot、IfcBuildingElement 的所有类都是抽象的(带 abs 标识),但不是能被实例化的,这些节点或实体看起来都像是分类体系中的一部分。

此外,由于核心层不够通用,也造成行业扩展过程中牵扯过多的核心层基础架构,且底层技术过于依赖于语言(主要使用 EXPRESS 语言,逐步支持了 XML 语言 XSD),数据冗余重复引用造成数据传递的文件过大,每次版本更新对软件商的要求过高等,这些问题都随着 IFC 的普及使用而逐渐凸显。

为解决上述问题,buildingSMART 将在共享元素基础上,设置可扩展的领域模块,用于在共享层的基础上定义其他分类和属性,如图 3-10 所示。当红色的互操作层部分实现更新后,无论软件支持什么模块,领域之间的互操作性都将被共享元素层支持,修改架构互操作层,创建一个简单的基础,将建模复杂性降至最低,从而使其稳定、扩展可预测。

图 3-10 基于共享元素的领域互操作性架构

2) 数据存储

隧道工程数据存储应包括实体、类型、属性、属性集和数量集等。实体的定义包括实体名称、实体类型、实体包含的属性和实体之间的相互关系;类型的定义包括类型名称、对象的通用样式特征等;属性的定义包括属性名称、对象的工程特有信息等;属性集的定义包括属性集名称、相同类型的一个或多个属性组合等;数量集的定义包括数量集名称、数量集属性、数量集取值规则等。

在数据存储过程中,有一种特殊的实体,即关系实体,用于描述构件之间的各种关系,帮助用户更好地了解和管理建筑信息模型,从而提高信息使用的效率和可靠性。IFC 中常见的关系实体对象见表 3-10。

IFC 中常见的关系实体对象 表 3-10

序号	实体名	定义与描述	样例
1	IfcRelAssigns	赋值关系。是 IfcObject 实例及其各种一级子类型之间"链接"关系的概括	资源可以通过分配关系 IfcRelAssignsToResource 在 IfcResource 和 IfcBuildingElement(IfcProduct 的子类型)之间建立链接来表示产品的性质信息
2	IfcRelAssociates	关联关系。是产品与内部或外部附加信息(如许可、分类、文件、材质等)之间的关系,其间无依赖关系	为补充隧道洞身的类型,将项目具体的分类体系通过 IfcRelAssociates 中的子类型(IfcRelAssociates-Classification)与隧道工程类型信息相关联
3	IfcRelConnects	连接关系。用于连接对象,一般情况下没有约束关系,但其子类定义了连接关系的适用对象类型和特定的连接,如单元连接、端口连接、端口与单元连接、空间包含关系等	以空间包含关系(IfcRelContainedInSpatialStructure)为例,隧道工程的洞口、洞身均为隧道的局部,使用该关系定义洞口与端墙、顶帽之间的空间包含关系,同样使用该关系定义洞身与拱墙、仰拱等构件的空间包含关系
4	IfcRelDeclares	实体声明关系。用于将 IfcContext 与 IfcObjectDefinition(如 IfcProduct 或 IfcPropertySet)关联起来	以属性集声明为例,创建一个名为"隧道属性集"的属性集,其中包含了隧道的长度、宽度和高度等属性。通过使用 IfcRelDeclares,将"隧道属性集"声明给隧道对象,以明确地将属性集与隧道对象关联起来
5	IfcRelDecomposes	分解关系。表示整体或部分之间的层次结构,能够从整体(组成)到部分,反之亦可。子类包括常见的聚合关系、嵌套关系、项目元素关系、空洞元素关系	一座隧道通过聚合关系,将洞口、洞身、辅助通道等组合在一起,形成整体与部分之间的关系
6	IfcRelDefines	定义关系。用于定义对象的属性或参数,通过直接关联属性或参数对象来描述对象的特性和定义,可与 IfcRelAssociates 共同使用更全面的描述对象	该对象包括:将对象类型分配给对象实例;将属性集分配给对象实例;将属性集模板分配给属性集。定义锚杆的通用属性,通过使用 IfcRelDefines 子类型关系,将属性对象分配给多个锚杆实例,从而为它们定义相同的属性集

公路工程构件的几何表达在数据存储时使用几何体,其类型见表 3-11。构件应具有具体的几何表达,设施和子设施可以没有几何形态,其几何形态的表达由构件表示。

几何体类型 表 3-11

类型	几何体名称	实体名
点	笛卡尔点	IfcCartesianPoint
线	直线	IfcLineSegment2D
线	圆曲线	IfcCircularArcSegment2D
线	缓和曲线	IfcTransitionCurveSegment2D
线	三维多段线	IfcPolyline
网格模型	多边形面片	IfcPolygonalFaceSet
网格模型	三角面片	IfcTriangulatedFaceSet
网格模型	不规则三角网	IfcTriangulatedIrregularNetwork

续上表

类型	几何体名称	实体名
实体模型	扫掠体	IfcSweptAreaSolid
	拉伸体	IfcExtrudedAreaSolid
	分段扫掠体	IfcSectionedSolid
	水平分段扫掠体	IfcSectionedSolidHorizontal
	扫掠圆盘体	IfcSweptDiskSolid
	构造实体	IfcCsgSolid
	BREP 实体	IfcManifoldSolidBrep

隧道工程信息模型的数据组织采用按空间分解结构或按功能分解结构的方式,如图 3-11 所示。空间结构、功能结构应由物理部件组成,物理部件应包括表达物理部件特征的几何、类型及属性等信息。物理部件的类型应包括共享几何、共享属性等信息。

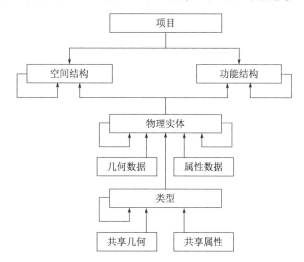

图 3-11 隧道工程信息模型数据组织

行业标准中,隧道工程数据存储结构如图 3-12 所示。

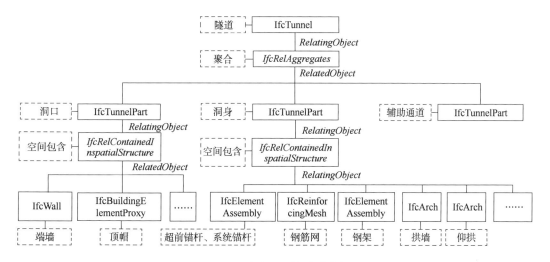

图 3-12 隧道工程数据存储结构

公路工程中表达设施、子设施、构件的类型时,将实体的预定义属性(PredefinedType)设置为用户自定义(USERDEFINED),并为实体的对象类型属性(ObjectType)赋予分类编码。例如,使用 IfcWall 表示端墙,将其属性 PredefinedType 设置为 IfcWallTypeEnum 枚举类型的 USERDEFINED 枚举项,并在其属性 ObjectType 处填写端墙的分类编码"18-05.01.02.00"。

公路工程构件属性集定义实体分为预定义属性集、属性集和数量集三类。预定义属性集不可以使用属性模板定义好的属性集,而是用 IFC 标准规定的属性集或量集,如 Pset_BeamCommon、Qto_BeamBaseQuantities 等。属性集和数量集实体与属性集模板实体通过模板定义关系实体(IfcRelDefinesByTemplate)进行关联,以完成自定义属性集的实例化。属性模板定义实体又分为属性模板(IfcPropertyTemplate)和属性集模板(IfcPropertySetTemplate)。属性模板允许用户自定义通用的简单或复杂属性形式,自定义的属性模板至少应包含名称、描述、度量方法和单位等信息。属性集模板构成项目属性库的一部分,且需要在项目中进行声明。属性集模板可以定义属性集形式,也可以定义数量集形式,前者命名以"Pset_"开头,后者以"Qto_"开头。

公路工程构件使用 IfcMaterial 存储材料信息。构件材料的使用步骤:首先在 IfcMaterial 中设置材料的名称、分类编码和描述,然后将 IfcMaterial 设置到 IfcMaterialLayerSet、IfcMaterialProfileSet 或 IfcMaterialConstituentSet,最后将上述集合通过 IfcRelAssociatesMaterial 与构件关联。行业标准只规定构件具有材料信息,设施和子设施的材料信息可以根据实际情况而定。

3)数据扩展

IFC 数据架构扩展可采用实体扩展、属性集扩展和基于代理实体的扩展方法。扩展具有特殊几何形态的实体时,采用实体扩展方法,增加新的工程对象实体类;当既有实体对象的特征描述不足时,采用属性集扩展方法,扩展新的属性集定义;在不改变信息模型数据结构基础上对模型信息的扩充,采用基于代理实体的扩展方法,实例化代理实体类表达新的工程实体对象。

扩展的对象概念应先与既有的 IFC 对象进行比对,找到层级结构中新扩展对象与既有 IFC 对象类在概念、描述、分类、属性等方面的最佳匹配项;扩展时优先考虑通过扩展既有 IFC 对象的预定义类型和相应属性集,当类型和属性集的扩展方式不满足要求时,可采用扩展既有对象的新子类型。

隧道工程作为新的空间元素,在 IfcFacility 父类下进行扩展,空间结构实体继承关系如图 3-13 所示。

锚杆、路面、环框等物理元素,在 IfcElement 父类下进行扩展,隧道工程主要物理实体继承关系如图 3-14 所示。

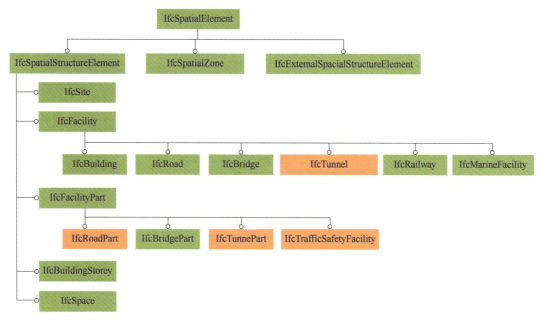

图 3-13　空间结构实体继承关系

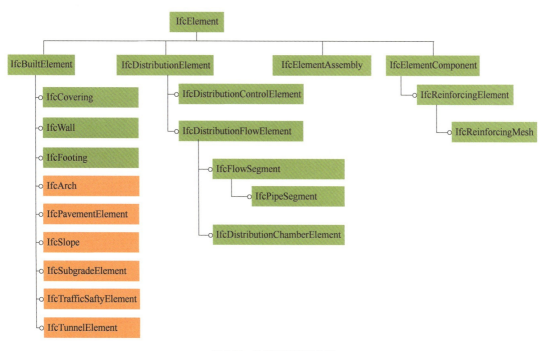

图 3-14　物理实体继承关系

第4章

隧道工程BIM应用案例

随着《交通强国建设纲要》《质量强国建设纲要》《数字交通"十四五"发展规划》等一系列政策文件的陆续出台,以BIM为代表的数字化技术,正逐渐成为新时代实现行业高质量发展的重要手段,数字化技术的应用也是加快建设交通强国、推动智慧公路发展的前提和基础性工作,推进交通基础设施数字化、网联化,推进先进信息技术深度赋能交通基础设施,是促进交通基础设施由大向强转变的重要举措。

在国家政策的引导下,笔者立足隧道与轨道交通工程数字化转型发展,在重大工程项目中应用数字化技术,并从中选取了7个典型工程应用案例进行介绍,在建设阶段上涵盖了设计、施工。这7个典型工程应用案例分别为厦门市轨道交通1号线一期工程、厦门海沧隧道工程、港珠澳大桥珠海连接线拱北隧道工程、西成铁路清凉山隧道工程、建宁西路过江通道一期工程、同安进出岛通道工程、天山胜利隧道工程等典型隧道与轨道交通工程项目。通过以上案例的介绍,进一步总结了实用价值突出的应用场景,探索流程化的数字化技术应用思路,以期为广大技术人员提供参考,推动BIM技术在隧道工程中更深入和广泛的应用。

4.1 厦门市轨道交通1号线一期工程

4.1.1 项目概况

厦门市轨道交通1号线由本岛西南端向北辐射形成快速跨海连接通道,主要沿城市重要的南北向发展轴敷设,连接了本岛和岛外的杏林、集美和同安三大组团。一期工程线路总长30.3km,共设车站24座(其中地下站23座,高架站1座),场段各1处,主变电所2座,控制中心1座。

湖滨东路站为厦门轨道交通1号线中间站,车站位于湖滨南路与湖滨东路交叉路口,与规划地铁3号线通道换乘,3号线车站与1号线分期设计、分期施工。1号线车站沿湖滨南路呈东西向布置,为地下二层双柱岛式站台车站,站前设双停车线。车站外包长度为473.55m,标准段宽度为20.7m,站台宽度为12m,车站有效站台中心里程处轨面埋深为15.46m,有效站台中心里程处顶板覆土厚度为3.41m,总建筑面积为25905m²。

莲坂站为厦门轨道交通1号线中间站,车站位于湖滨南路和湖明路交叉口处,沿湖滨南路呈东西向敷设,为地下二层岛式车站。车站长度为207.4m,标准宽为20.7m,站台宽度为12m,车站总建筑面积为12516m^2。车站有效站台中心处轨面埋深为14.98m,其顶板覆土厚度为3.23m。车站设置4个出入口、1个紧急疏散出入口、2组共8个风亭、1组冷却塔,其中2号出入口预留通道接口与国贸大厦综合开发对接。本项目是中交二公院BIM中心成立之初开展的若干轨道交通BIM技术探索的典型案例之一,主要在初步设计及施工图设计阶段开展了若干应用。

4.1.2 初步设计BIM综合应用

轨道交通在初步设计阶段的主要任务是确定方案,与沿线有关建筑物产权单位、对接单位进行方案交流,向业主汇报并确定方案,向规划局报批,稳定和深化方案,进行造价预估。

1)场地仿真、方案报规

利用BIM技术及场地仿真辅助完成了湖滨东路站与华润对接方案讨论。在Autodesk Navisworks软件中进行对接方案场地仿真漫游汇报,观察者能够迅速了解方案、发现问题、提出问题、交流问题。

利用如图4-1所示的鸟瞰效果图,能够了解周边环境和总体方案,判断总体方案的合理性;利用如图4-2所示的建筑内部透视图,能够使观察者发现细节问题,提出合理化建议。

图4-1 华润万象城地块与地铁出入口关系鸟瞰效果

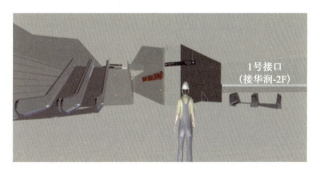

图4-2 湖滨东路站与华润地下一层连接口透视图

2)管线改迁、交通组织

利用三维设计平台进行管线改迁及施工过程中的交通疏解方案模拟,并制作模拟过程的动画,使设计者能够准确、迅速地了解工作面情况,优化方案,合理安排作业面和施工工序,缩短管线改迁的工期,减少工作量,降低造价。同时,可利用制作的动画进行多媒体汇报,便于各产权单位及各方决策者迅速、准确地了解方案并进行决策。

3)三维报建

将已完成的 Revit 土建模型导出为 3ds Max 文件,并在 3ds Max 软件中根据 Revit 实施标准分好的工作集赋予指定的材质。按照厦门坐标系调整车站坐标位置,模型达到报规要求后,提交模型给规划局等相关部门,完成报规。

4.1.3 施工图设计 BIM 综合应用

轨道交通在施工图设计阶段的主要任务是深化方案,完成方案设计、管线综合设计、装修设计,进行施工过程模拟和工期优化,进行工程量和造价的核算与控制。

在此过程中进行场地仿真和场景漫游、碰撞检查、运输路径检查、预留孔洞检查、施工过程模拟和工期安排优化、工程量核算和造价跟踪控制等工作,以上工作具有可视化、自动化、精细化等特点,便于业主快速了解方案及造价并确定方案,方便各专业设计人员进行碰撞检查和方案优化,方便设计单位和业主掌握施工过程和工期安排,同时做到工程量和造价的精确统计。

1)三维协同设计、管线综合设计

三维协同设计是 BIM 设计的主要实施方法。由业主统一设置 BIM 设计服务器并管理和维护,各参建单位建设操作终端,在终端上进行设计,各方协同架构如图 4-3 所示。各专业设计师共同编辑同一个中心模型,完成专业的设计工作。中心模型中对各专业设有编辑权限,使其无法编辑未授权的模型。三维模型为设计的可视化、精准性提供基础条件,而协同效应则带来了高效率、高质量。三维协同设计的出现给工程设计带来了新的设计方法和手段,为实现设计智能化提供了基础条件。

地铁车站在最初创建土建模型时即开始三维协同设计。土建模型完成后,在综合管线设计中,三维协同设计优势尤为明显。

综合管线在三维协同设计过程中,应着重考虑以下几个方面:

(1)管线布置对空间的要求;

(2)管线相对位置的布置原则;

(3)管线的维修、检修要求。

综合管线优化顺序为:风管与结构—过道—各房间—公共区—机房—全局连通。优化完成以后进行碰撞检查,再进一步优化发生碰撞的位置。

第4章 隧道工程BIM应用案例

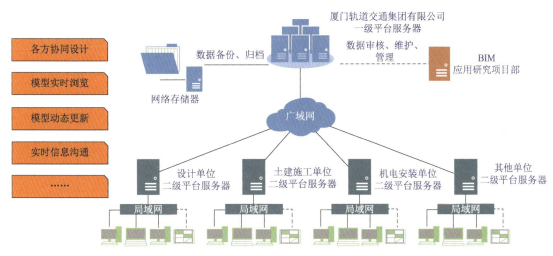

图4-3 各方协同架构

以管线复杂的制冷机房为例,传统的二维设计图中,设备平面表达比较清楚,但管线的尺寸、高度、安装位置、相互关系均不能一目了然,在BIM设计模型中,设备及各管线的关系更加清晰,很容易辨别是否冲突,管线二维及三维表达如图4-4所示。

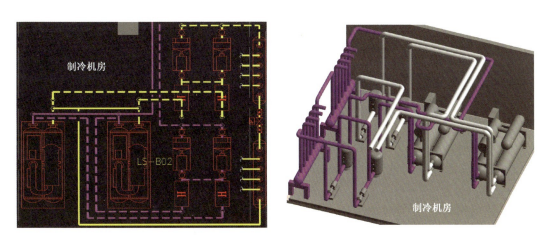

图4-4 管线二维及三维表达

2) 预留孔洞检查

设备及管线之间的关系主要由各系统专业处理,各系统专业还要和建筑、结构等专业配合,配合的主要内容是土建专业为系统专业预留基础、孔洞、预埋件。

传统设计中,因二维图纸表达能力有限等原因,土建专业仅能清晰表明系统专业所需的孔的平面位置,而不能完整、直观地表达空间位置关系,导致遗漏孔洞的情况经常发生,而当主体结构施作完成后,孔洞和承重预埋件将难以补救,因此,检查预留孔洞是地铁设计中的重点工作之一,预留孔洞模型检查如图4-5所示。

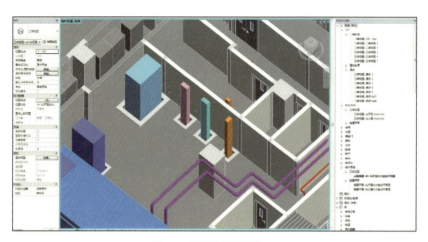

图 4-5　预留孔洞模型检查

轨道交通工程三维设计平台能够自动检查设备和土建结构的冲突。当二者发生碰撞时，系统引导设计者查看碰撞的位置，设计者采用修改设备位置或更改预留孔洞的方法解决冲突，比人工查错具有更快的速度和更高的准确度。以车站设备小端环控机房及周边设备房为例，在三维视图中能够快速、直观地发现设备/管线及与其配套的预留孔洞及挡水坎，判断其是否匹配。

3）大型设备检修路径复核

地铁站多位于地下，且房间、设备布局复杂、紧凑，设计师需要考虑远期设备检修或更换时的运输路径问题。

在传统的二维设计中，设计者一般能够找出在平面上满足运输要求的路径，而有时会忽略高度方向的阻碍，如安装高度较低的风管、桥架、设备基础等。

在 Autodesk Navisworks 软件中将"第三人"替换为车站大型设备，按大型设备设置尺寸，检查碰撞，复核设备是否会被阻挡。此方法不但能够考虑平面上的障碍，更能发现竖向的障碍，能够确保设备检修/更换的运输路径通畅无阻，大型设备运输路径复核如图 4-6 所示。

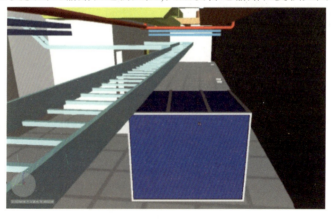

图 4-6　大型设备运输路径复核

4)装修效果可视化

BIM设计中,通过定义墙体、装修材料、设备材料的材质、颜色等信息,在模型创建时即可直观地看到室内效果,并自动生成效果图,冷冻机房及环控电控室模型渲染如图4-7、图4-8所示。

 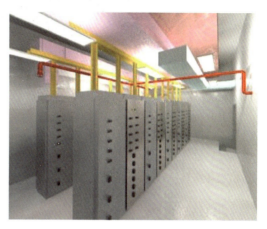

图4-7　冷冻机房模型渲染　　　　　　　图4-8　环控电控室模型渲染

5)工程量复核

传统的二维设计在描述结构复杂的外形时,因设计手段的制约容易发生漏项,导致工程量统计不准。本项目BIM设计创建了完整的三维模型,各种工程量均能精确、自动地生成。

6)场景漫游

本项目中采用Lumion这一虚拟现实软件,利用BIM模型进行三维动画渲染,实现实时漫游,给人以真实感和直接的视觉冲击。直观地感受地铁站的空间布局,使业主对施工过程及建筑物相关功能特性进行进一步评估,从而提早对可能发生的情况制定应对措施。

7)基于BIM技术的轨道交通工程结构分析

研发BIM模型与结构分析系统的接口,将BIM模型中的信息转换成SAP2000结构分析软件可识别的数据,实现Revit与SAP2000之间的数据交换。具体来说,结构模型中主要的数据是构件(梁、板、柱、墙等)、材料(混凝土、钢材、砌体等)、荷载(构件重力、人群荷载、风雪荷载、列车荷载等)及边界条件(基础支撑形式),将Revit模型中的这些数据对应地转换到SAP2000中,实现数据交换。

由SAP2000进行轨道结构分析的一般步骤如下:①Revit导出模型,选取车站标准节段,在Revit中建立车站结构的墙、板、柱模型;②SAP2000导入模型;③施加荷载和约束条件;④求解内力和变形得到计算结果,剪力计算结果如图4-9所示。完成轨道结构分析后,可为结构设计和优化提供依据。

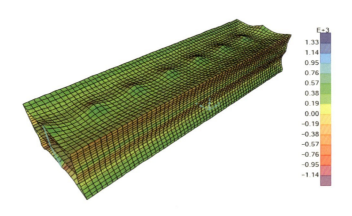

图 4-9　剪力计算结果

4.1.4　BIM 应用价值分析

城市轨道交通项目在设计过程中,往往需要考虑多方面影响因素,造成设计方案十分复杂,通过利用 BIM 技术创建三维可视化场景,配合效果图、场景漫游等手段,设计成果能够清晰表达,大大降低设计方案汇报及沟通难度,提高了决策效率。

采用 BIM 模型进行协同设计不仅使设计变得更加直观,减少了局部复杂设计的难度,还通过碰撞检查、大型设备检修路径复核等应用,进一步提高了设计的附加价值。此外,建立精细化的 BIM 模型还为工程量精算和造价预估提供了支持。通过数据接口研发等方式,可以将 BIM 模型转换为有限元计算模型,发挥出更大的作用。

在整个 BIM 应用过程中,充分借鉴了房屋建筑业 BIM 技术发展成果,但本项目由于前期缺乏整体策划,出现了多次重复建模工作,且协同设计和 BIM 应用都离不开软件的定制开发。因此,在类似的项目中开展 BIM 应用时,不仅需要做好 BIM 应用统筹策划,而且需要配置一定数量的软件开发人员来提供支持,以确保 BIM 应用效率,争取最大效益。

4.2　厦门海沧隧道工程

4.2.1　项目概况

厦门海沧隧道工程(第二西通道工程)是厦门市公路骨干网规划中第二条西部通道的组成部分,连接海沧区和厦门本岛湖里区,起于海沧吴冠采石场(与规划的海沧疏港快速路相接),采用钻爆法以隧道形式穿越厦门西海域,在象屿码头附近进入本岛,以隧道形式沿兴湖路前行,与成功大道衔接,终于本岛过石鼓山立交接火炬北路处。路线全长 7.79km(左线),其中隧道长度约为 6.335km,跨越海域面积宽度约 2km,隧道最深处位于海平面下约 72.6m。项目按双向 6 车道一级公路兼城市道路功能标准设计,设计速度 80km/h,建筑限界净高

5.0m,净宽 13.5m。

隧道主线石鼓山立交段,周边环境及地上、地下情况复杂,受控因素多:上有石鼓山立交地面道路,下有地铁一号线,中有市政综合管线与隧道主线交叉。基于此,路段开展了若干典型的 BIM 技术应用。

4.2.2 结构碰撞分析

碰撞分析是工程项目中的一个重要环节,通过 BIM 软件对 BIM 模型进行碰撞分析,找出设计流程中专业内和专业间的空间碰撞,并针对碰撞点进行人工辨别,排除合理碰撞后,对不合理碰撞点处的设计方案进行优化,在施工前预先解决此类问题,能节省工时和不必要的变更与浪费。

碰撞一般分为硬碰撞和间隙碰撞(软碰撞)。硬碰撞用于检测构件间的实际交叉碰撞,即构件之间是否出现空间位置上的重叠。间隙碰撞用于检测两个构件间是否具有特定的距离,需人工排除由于模型精度不够导致的构件相接或相邻所引起的接触问题。

本项目中,在完成隧道主体模型和其他专业的建模工作后,将模型整合起来,利用 Inventor 软件进行隧道的结构碰撞分析,如图 4-10 所示。

图 4-10 利用 Inventor 软件进行碰撞分析

4.2.3 基于 BIM 技术的工程量及造价分析

信息是 BIM 模型的核心内容,脱离了信息的 BIM 模型只是单纯的三维模型,为充分利用模型中的信息,对 BIM 模型进行信息梳理之后,可对同一附属信息的构件进行统计,即可以进行工程量与造价分析。BIM 模型中的信息包括模型的几何参数、物理特性、产品信息等,如图 4-11 所示。这些信息的建立使得设计过程中各个专业之间的协同更方便,出错的风险更小。从长远角度来看,隧道建设以及后期的运行、维护和设施管理都会因为模型信息的附加而显著提高工作效率。

完成信息添加之后,对构件进行装配,形成整体隧道 BIM 模型,利用 BIM 三维设计平台的数据报表功能,完成工程量统计,如图 4-12 所示,再结合构件的造价信息,如定额、单价等,进行隧道工程的造价分析。

图 4-11　模型信息的附加

图 4-12　基于模型的工程量统计

4.2.4　基于 BIM 技术的隧道结构分析

基于 Inventor 平台研发的 BIM 模型与 ANSYS 结构分析系统数据接口,实现模型信息与结构分析信息的自动传递,有效提高结构的有限元分析计算效率。利用 Inventor 中的 Ansys Workbench 模块与 ANSYS 软件进行数据间的无缝对接,可直接切换到 ANSYS 软件进行 BIM 模型的结构分析。

由 Ansys Workbench 进行隧道结构有限元分析的一般步骤为:①由 Inventor 将几何模型导入 Workbench 中;②对几何模型添加材料属性;③对几何模型进行网格划分;④设置边界条件和附加荷载信息;⑤求解内力和变形。隧道结构分析,可为相关的结构设计和优化提供依据,隧道结构分析应力云图如图 4-13 所示。

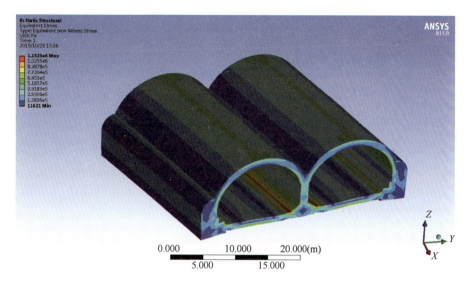

图4-13 隧道结构分析应力云图

4.2.5 BIM 应用价值分析

利用 BIM 模型进行软、硬碰撞分析,可以快速、准确地确定碰撞位置和相关构件所属的专业,能够发现二维制图常容易忽略的专业内或专业间的设计协调性问题。这有效促进了各专业设计成果质量的提高,减少设计变更,缩短建设周期,节省建设投资,是一个非常重要且具有实际价值的应用点。

在本项目中,我们深入探索了基于 BIM 模型的工程量统计和 BIM 模型数据与结构分析数据互通的应用。实践证明,人工添加适当的信息,建立更加结构化的数据集,能够对构件化、产品化程度较高的工程部位进行工程量统计,并实现与造价的协同分析。此外,我们通过研发 Inventor 与 ANSYS 有限元分析软件的接口,针对典型结构形式进行有限元分析,避免了二次建模工作。

然而,在工程量统计过程中仍然存在缺乏信息全面的构件库支持的问题。人工添加信息在一定程度上降低了工程量统计的效率和价值,因此,在后续类似 BIM 应用过程中,应重视建立以数据为核心的构件库,实现利用计量规则快速调用构件级模型中的数据,来提高统计效率。

4.3 港珠澳大桥珠海连接线拱北隧道工程

4.3.1 项目概况

拱北隧道作为港珠澳大桥珠海连接线的关键控制性工程,起点接拱北湾大桥,终点位于广东省公安边防第五支队茂盛围边境特别管理区,左线长度 2741m,右线长度 2375m。隧道包括海域明挖段、口岸暗挖段、陆域明挖段三部分,其中口岸暗挖段采用管幕冻结法施工,下穿拱北海关。项目按双向 6 车道高速公路功能标准设计,设计速度 80km/h,建筑限界净高 5.1m,净宽14.25m。

该项目工程周边环境特殊,工程建设不允许对口岸通关造成干扰;沿线建筑物多且归属复杂,多部门的协调难度极大;拱北隧道采用的曲线管幕+水平冻结暗挖工法为国内首创,隧道长度创造曲线管幕新纪录,隧道开挖断面面积为世界最大;整体施工方法包括了深基坑工程、浅埋暗挖施工、顶管管幕施工、冻结施工等工程作业,工程工序复杂,施工难度高。本项目分别在设计阶段及施工阶段开展了BIM应用,并基于BIM技术针对管幕冻结施工进行了温度监控。

4.3.2 设计阶段BIM综合应用

BIM技术在设计阶段应用主要包括路线线形设计、BIM全专业协同设计、三维模型出图和BIM与结构分析系统集成等。

1) 路线线形设计

利用路线设计成果,在隧道三维设计平台中导入相关路线平、纵、横资料,通过平台提供的自动建模功能,自动完成路线模型的创建,路线生成步骤如图4-14所示。

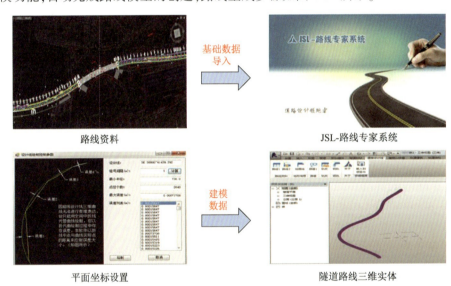

图4-14 路线模型生成步骤

2) BIM全专业协同设计

拱北隧道由结构、交通工程、防排水工程和路基路面等专业人员基于同一个BIM模型中心文件开展设计工作,按专业划分不同的工作集,并充分利用隧道通用构件库,提高了BIM设计的工作效率,保证了设计质量。

3) 三维模型出图

根据拱北隧道BIM模型自动绘制工作井施工图、衬砌施工图、管幕施工布置图等,基于BIM模型绘制的图纸如图4-15所示。

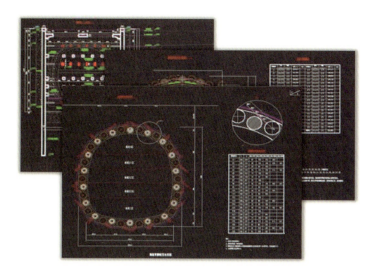

图 4-15 基于 BIM 模型绘制的图纸

4) BIM 与结构分析系统集成

研发隧道 BIM 三维设计平台的 Ansys 接口,实现通过 BIM 模型导出工作井计算模型,与有限元分析软件集成,减少了有限元计算模型的创建工作,对围护结构进行三维仿真受力分析。对基坑开挖阶段到暗挖破墙阶段的坑内水平形变、竖向弯矩进行分析,经计算,变形与弯矩均满足设计要求。

4.3.3 基于 BIM 技术的施工进度管理

拱北隧道项目工期要求严格,施工阶段 BIM 技术主要应用于施工进度管理。在总体工期控制下,编制了施工进度计划。以 Autodesk Navisworks 软件为基础平台,通过二次开发完成基于 BIM 技术的施工进度管理系统,实现施工进度计划与 BIM 施工模型各构件相互关联,形象直观显示工程进度,如图 4-16 所示。

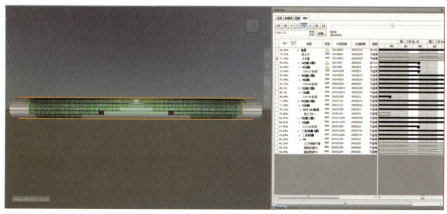

图 4-16 基于 BIM 技术的施工进度管理系统

施工进度管理系统整合工程项目各单位计划进度信息,在施工过程中重点监控进度执行情况,协助总体单位完成进度的动态控制,当系统采集的进度执行情况与计划情况不一致时,系统会主动提示并持续跟踪和反馈;4D施工模拟更是以可视化的方式,向拱北隧道项目的各参与方集成展示整个项目的总体进度情况,为业主掌控工期提供技术保障。

4.3.4 基于BIM技术的管幕温度监控

拱北隧道由于地理位置特殊,采用管幕冻结施工工法,该工法对冻结管的温度监控要求很高,若冻结失效将给工程带来灾难性的后果。通过调研工程项目各参建方的需求,研发了基于BIM技术的管幕温度监控系统,跟踪施工温度的动态数据变化,实现主要相关功能如下:

1)隧道三维预览

通过定制的管幕温度监控系统,实时浏览隧道工程BIM模型,通过点击BIM模型的构件,浏览相关信息,如点击测温管,可以查看测温的具体位置、尺寸信息和设备制造信息。

2)管幕温度数据记录

该功能模块为系统基础功能,负责系统数据的录入。系统主要支持的数据源为Excel表,数据记录各个监测点的温度信息及对应的BIM三维构件信息,系统温度监测如图4-17所示。

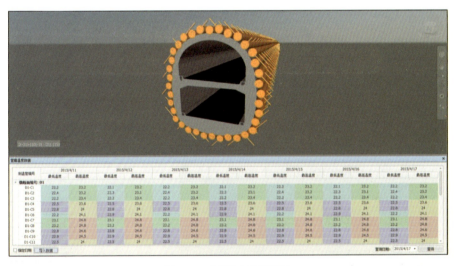

图4-17 系统温度监测界面

3)温度变化趋势分析

该功能为系统数据分析模块,根据录入数据可以查看横断面温度变化趋势图,还能查看某一个测温管的温度变化趋势图。通过指定一段时间查看温度情况,分析温度变化是否异常,并在三维模型中突出显示,系统温度变化趋势分析界面如图4-18所示。

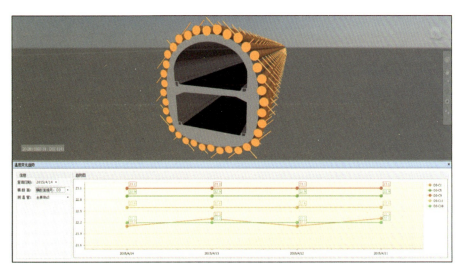

图 4-18 系统温度变化趋势分析界面

4)温度预警监控

通过对数据库实时访问,获得温度监控数据。数据库数据来源于外接温度采集设备,该系统在获得温度数据后,在软件界面实时显示温度监控情况,如果发现温度异常,预警并提示异常测点信息,在三维模型中定位提示,系统温度预警界面如图 4-19 所示。

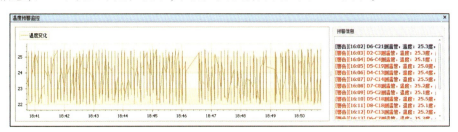

图 4-19 系统温度预警界面

4.3.5 BIM 应用价值分析

通过路线数据的转换,支持不同专业人员在一个中心文件上进行协作和共享,从而提高了设计效率和准确性。BIM 模型为设计团队提供了全面、准确的设计信息,并支持碰撞检查、结构分析和施工模拟等功能,以确保设计质量和施工可行性。在模型出图和结构分析等领域,BIM 模型发挥了重要的作用。

在施工阶段,基于 BIM 模型开发了施工进度管理系统,实现了施工进度计划与 BIM 施工模型的关联,通过直观地显示工程进度,提供了施工管理的可视化工具。此外,基于 BIM 技术的隧道施工温度监控系统能够实时跟踪施工温度的动态数据变化,进行数据分析、观察温度变化趋势、判断异常状态,当出现异常状态时及时预警并在三维模型中定位提示,确保施工安全。

本项目充分利用了设计阶段的 BIM 模型,并针对性地研发了相应的施工管控系统,辅助精细化施工。然而,由于施工管理所需的模型精度与设计成果模型精度不匹配,因此,在这个过程中仍然存在模型深化等二次加工工作,目前也有诸多单位提出"一模到底"的理念,面向全生命周期建立统一的数据结构和模型精度,解决模型多次加工问题。

4.4 西成铁路清凉山隧道工程

4.4.1 项目概况

清凉山隧道位于秦岭北麓低中山区陕西省西安市鄠邑区境内,进口位于鄠邑区环山公路旁方家东侧约 1km 处,出口位于纸坊村十岔沟内。隧道全长 12.553km,为客运专线双线隧道,双块式无砟轨道,设计速度 250km/h,隧道土建工程于 2015 年 12 月完工。

该隧道工程地形、地貌及地质复杂,地表起伏较大,多处穿过地表沟谷,沟内常年流水,洞室从多处断层接触带及断层影响带的不良地质区域通过,断层接触带或影响带节理发育,岩体破碎。本项目建立了隧道所有主体结构的建筑信息模型,包括超前支护、初期支护、二次衬砌、仰拱、防排水设施及沟槽等,并聚焦施工阶段开展了基于 BIM 的项目集成管理平台研发与应用,以及基于 BIM 的技术交底等应用。

4.4.2 项目集成管理信息平台

本项目在施工阶段开发了基于 BIM 的项目集成管理信息平台(由中交第二航务工程局有限公司完成),如图 4-20 所示,实现了设计信息模型和施工信息的可视化集成、协同管理,即通过定义模型构件进度集合,关联项目管理各要素的施工信息,从而对项目管理信息进行集中管理并赋予时间维度,达到模型和项目管理信息同步展示的效果。

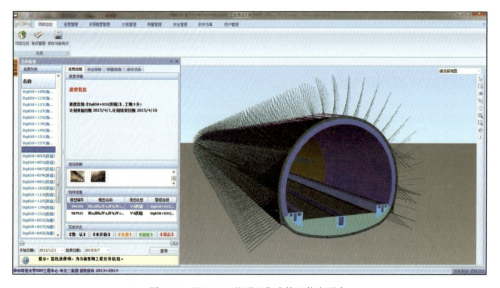

图 4-20 基于 BIM 的项目集成管理信息平台

平台实现了对工程实物的3D影像查询、工程进度的4D虚拟仿真、工程技术安全的可视化交底,集成了工程项目的进度、资源配置、质量、安全等施工管理信息并赋予设计模型,形成了施工信息模型。

4.4.3 基于BIM的技术交底

利用BIM模型,通过虚拟现实技术对方案进行全方位、互动性的直观展现,推敲方案的合理性,在4D虚拟仿真环境中展示工艺工法。针对工程现状问题,结合施工工序管理需求,利用BIM技术可视化、协同性、模拟性、优化性等特点,开展现场施工方案可视化设计交底和虚拟施工建造技术应用,用于技术交底所创建的仰拱台车模型如图4-21所示。

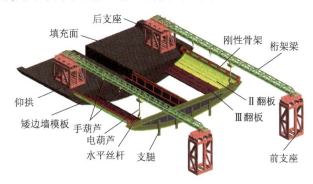

图4-21 仰拱台车模型

4.4.4 BIM应用价值分析

本项目建立了相对完善的隧道工程信息模型,开展了设计交底,结合隧道施工复杂工序工法进行了可视化仿真模拟,并进一步深化后得到施工信息模型,集成了施工进度、质量、安全、资源等信息,实现多参与方的协同工作与信息共享,BIM模型在这个过程中不仅起到了可视化的作用,而且作为信息载体在施工建设过程中发挥了重要作用。

4.5 建宁西路过江通道一期工程

4.5.1 项目概况

南京建宁西路过江通道是国务院批复的《南京市城市总体规划(2011—2020)》中预留过江通道之一,同时也列入了《南京江北新区总体规划(2014—2030年)》。该通道位于长江大桥和扬子江隧道之间,距离上游的扬子江隧道约1.8km,距离下游的长江大桥约2.4km。

建宁西路项目北起兴浦路与江北快速大道交叉处,向南顺兴浦路布设,下穿长江后至南岸接建宁西路,止于热河路。主线工程全长约6801m,其中隧道段长3550m,桥梁段长2915m,路基段长336m,并包含江北大道高架互通、横江大道地下互通、惠民路地下互通(部分)及与本通道相关的地面道路,总投资约120.9亿元。隧道采用明挖及盾构法施工,隧道净高4.5m,分为三车道、两车道隧道及单车道、两车道匝道隧道断面。本项目聚焦设计阶段开展了盾构隧道管片拼装、多专业协同及深化设计等多项 BIM 应用。

4.5.2 管片拼装

利用路线设计信息进行管片拼装模拟试算。本项目管片拼装在隧道设计中提供了十种旋转错缝拼装方式,通过对每种旋转形式的拼接模拟,计算盾构管片理论圆心与实际圆心的偏差值,取最小值作为该处管片的拼接旋转参数,如此迭代,完成盾构管片的拼接与模型创建,同时生成每处管片理论圆心与实际圆心的偏差值。随着设计阶段的不断进行与深化,盾构管片的拼装可随路线线位及管片起始位置的变化动态调整,随时反馈拼装方案及每环的拼装旋转角度,为设计优化提供参考,管片拼装成果如图 4-22 所示。

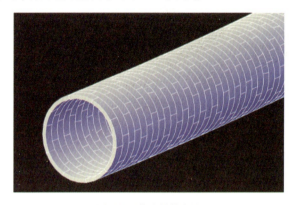

图 4-22 管片拼装成果

4.5.3 多专业协同工作

以满足工程项目应用为前提,探索与 GIS 结合的工程对象轻量化三维表达方式,在创建全线三维模型后,通过充分挖掘三维模型的数字化、信息化特征,将设计信息与三维模型深度融合,将三维模型作为工程信息的载体,实现设计成果的数字化交付。通过对各种业务场景的梳理,增加相关信息查询和统计功能。设计过程中及时维护三维模型,保证模型与设计数据的一致性、准确性、及时性,搭建本项目工程信息管理平台协助管理设计数据与设计成果,平台系统架构如图 4-23 所示。

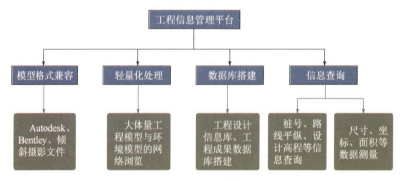

图 4-23 平台系统架构

1) 多专业 BIM 模型整合拼装

本项目中有地质、路基、隧道、机电、交安等多个设计专业,如果依照设计数据准确构建设计模型,则模型体量巨大且要整合多种数据存储格式,因此,基于本项目"工程信息管理平台",通过多源格式模型转换及轻量化,将多专业设计成果在平台上集成与总装。本项目的参建各方可以通过网络流畅地浏览 BIM 模型,并将其广泛应用于项目的三维模型展示、沟通、协调和汇报等环节,如图 4-24、图 4-25 所示。

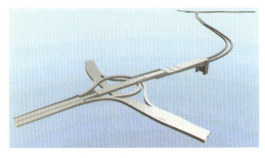 

图 4-24　工程模型总装　　　　　　　　图 4-25　环境模型总装

2) 基于 BIM 云平台的多专业协同工作

基于总装模型可以直观地发现多专业设计成果存在的问题,设计人员通过云平台可实现基于同一数据源的多专业设计成果交叉验证与校核,建宁西路过江通道 BIM 云平台如图 4-26 所示。

图 4-26　建宁西路过江通道 BIM 云平台

建立工程信息数据库,包括工程设计信息数据子库及工程成果信息数据子库,并实现通过平台进行设计信息的管理、查看和沟通,保证了基础数据源的统一,提高了设计质量与效率。

建立工程设计信息数据子库,对路线设计数据进行解析,集成完备的路线数据信息,实现对桩号、路线设计要素、设计高程的查询;建立工程成果信息数据子库,施工图阶段将最终设计图纸与模型进行关联,实现通过 BIM 模型查看工程对象相应的设计资料,方便图纸查阅、审查与管理,并最终实现设计成果的数字化交付;此外,平台还集成有长度、高度、面积、坐标等多种查测功能,实现本项目多个参与方基于平台进行设计方案的讨论与设计协同。

4.5.4 BIM 深化设计

1) 过江段三维地质建模

利用地质勘察数据建立三维地质模型,为后续 BIM 深化设计应用提供基础数据。

三维地质模型可以对各种地质界面进行查看,保证地层岩性与工程方案在三维空间上的协调性,可以实现多视角的地质信息与工程空间分布关系的直观展示。

在后续的施工阶段及运营阶段可以通过工程地质数据库查询相关的地质勘察详细资料,直观查看各部位的具体工程地质情况,进行风险预判与分析,分析和评价监测成果,地质模型应用如图 4-27 所示。

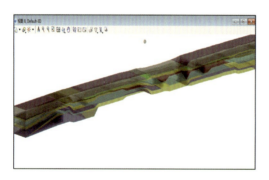 

图 4-27 地质模型应用

2) 可视化展示

在高精度地形模型、正射影像及实景三维模型的基础上,将工程模型导入及整合,形成包括地形、道路、周围环境、工程主体结构、单体建筑外形高清影像的完整三维项目场景。在该场景中直观展示三维空间位置关系,从使用者角度审核优化绿化、防护栏、标志牌等,及时发现不易察觉的设计缺陷或问题,减少由于事先规划不周全而造成的损失,有利于设计与管理人员对方案进行优化与方案评审。

通过漫游、动画等可视化展示手段可以充分表达设计意图,提供身临其境的视觉、空间感受,提高设计质量。

3) VR 应用

通过对模型(环境、主体结构等)进行整合,形成 BIM + VR 的成果文件,借助虚拟现实设备,让体验者能够和抽象的三维世界进行沟通,同时丰富了设计师对设计成果的表达与展示手段。利用 VR 沉浸式体验,加强了方案具象性表达及人机交互性,大大提升了 BIM 应用效果。

4) BIM 辅助重点部位出图

在传统审查中依照二维图纸审查各专业间的协同,直观性比较差,有些问题在后续施工阶段才会暴露出来;在 BIM 辅助审查中使用 3D 图形辅助判断,可以直观、高效地确认大部分的设计冲突及错误,提高设计质量。

5) 多专业碰撞检查

借助 BIM 软件进行模型碰撞检查,对总装模型进行专业间、系统间、对象间的"错、碰"检查、校验,及时发现各专业构件碰撞、安装设备运输通道干扰等问题,如图 4-28 所示。将设计存在的问题以文档的形式记录,提交设计方核查修改,并最终更新完善 BIM 模型,避免设计错误传递到施工阶段。

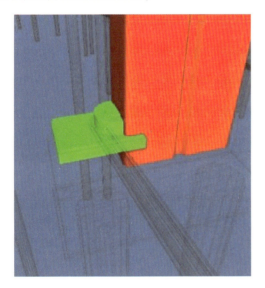 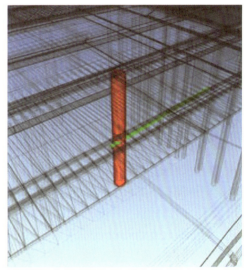

图 4-28 碰撞检查

6) 疏散模拟

本项目过江段较长,车流量较大,在隧道设计中重点分析在运营期出现紧急情况时隧道内的人员疏散方案,合理设计疏散通道与路线,测试隧道紧急情况下的疏散能力与疏解效率尤为关键。

基于隧道工程 BIM 模型,将洞内空间及路线进行解析与转换,形成洞内的疏散通道,通过对逃生通道的设计方案进行模拟,对疏散方案的成果进行分析,验证疏散通道的设置是否达到预期。

4.5.5 BIM 应用价值分析

根据管片拼装与定位算法,通过对管片进行参数化描述,实现了盾构管片的快速拼装与模型创建,为盾构隧道的设计与建模奠定了基础。同时,利用 BIM + GIS 融合技术和云平台,进行多专业协同工作管理,实现了模型轻量化、模型拼装与核查、设计数据快速查询等。将 BIM 模型与设计数据紧密关联,实现了多专业协同工作。此外,本工程依托 BIM 模型,开展了针对隧道工程特点的多项深化设计应用,辅助设计提质增效。

由于目前 BIM 引擎及三维设计工具不成熟,基于 BIM 的协同设计仍主要以模型应用为主,数据应用为辅。在本工程的 BIM 实践过程中,通过对路线数据及隧道成果数据进行结构化,初步探索了基于数据的更深层次的协同工作方法,并取得了较好的效果。这一实践经验对于未来 BIM 的应用和协同设计的发展具有积极的启示作用。

4.6 同安进出岛通道工程

4.6.1 项目概况

同安进出岛通道工程连接厦门本岛与同安区,是落实厦门市"提升本岛、跨岛发展"战略、推进岛内外一体化的重要支撑。路线主线南起机场北路,下穿机场隧道,于同安美峰公园东南侧上岸,并下穿滨海西大道,后沿美社路走廊布线,终于美山路与美社路交叉口,总里程约 9.2km。项目采用一级公路兼城市快速路,主线双向 6 车道,设计速度 80km/h。在下穿环岛干道、海域段及滨海西大道设置分离式隧道一座,长 8.74km,共分为四段,分别为本岛陆域明挖段、海域堰筑段(含盾构接收井)、海底盾构段及同安陆域明挖段(含盾构始发井),同安进出岛通道工程总体布置如图 4-29 所示。

本工程是福建省第一条大直径海底盾构隧道,也是国内最长的采用围堰和盾构组合工法施工的大直径跨海隧道。本项目沿线控制因素众多、建设条件复杂、周边建(构)筑物密布,需在集美大桥高崎北互通新设一处地下互通,技术要求高、难度大;海域段采用"本岛短围堰+盾构方案"的组合隧道建设方案,设计需解决复杂建设条件下隧道总体设计、复杂条件下地下互通设计、复合地层超大直径盾构隧道设计、复杂水文气象条件下大断面深水堰筑隧道设计等关键技术问题。本项目进一步基于 BIM 技术探索了其在设计阶段的作用与价值,开展了复杂工点精细化设计及 BIM 协同设计等应用。

4.6.2 基于 BIM 的复杂工点精细化设计

1)建立复杂节点的精细化模型

对隧道局部复杂节点,如洞身和盾构管片等,采用 BIM 技术进行参数化设计,在三维状态下将节点的外形、尺寸和空间对应关系直观展示,消除各种碰撞问题,综合考虑节点设计在施工过程中的可行性,提高设计质量,减少由此造成的设计变更。

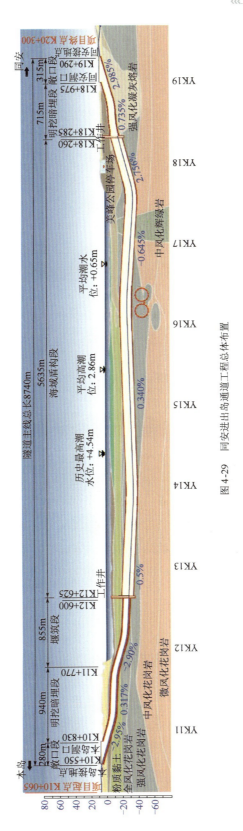

图 4-29 同安进出岛通道工程总体布置

2）输出三维设计图纸

为了完整表达复杂结构的细节设计,在传统设计图纸基础上,运用精细化的 BIM 模型,输出必要的三维大样图,在有条件的工程部位自动输出设计模型三维图纸。最大限度地沿袭传统设计图纸的表达方式,同时也较好地满足图纸阅读需要。

4.6.3 隧道 BIM 协同设计

1）碰撞检查

本项目是涉及道路、隧道、管线等众多专业的综合性工程,线路交织,内部流线极为复杂,同时线路兼具人行过街、非机动车交通等多种功能。地下工程复杂,传统图纸一般展示平面或纵面在几个关键点处的剖视图,不能全面、直观反映设计是否满足安全净空和间距要求,加之涉及的沟通协调专业众多,难免会出现空间碰撞和交叉。

利用 BIM 技术,将各专业按设计意图建好模型,按统一坐标组装在一起,在软件中输入设计安全净空和间距要求,程序会自动查找碰撞点,输出碰撞检查报告,其中地下管网与互通式立交碰撞检查如图 4-30 所示。

图 4-30　地下管网与互通式立交碰撞检查

2）安全模拟与分析

隧道作为特殊的地下公共建筑物,具有空间封闭、车流密度大、通道狭长疏散条件有限等特点。隧道里一旦发生重大交通事故或火灾事故,若产生的烟气得不到及时控制,庞大的客流不能及时疏散,将会造成重大伤亡事故;在紧急情况下,由于疏散通道间距、位置设置等不合理等原因,若疏散不及时,可能会发生大规模挤伤等二次事故。

本项目根据设计文件建立隧道三维模型,按设计数据设置逃生通道的间距、数量、逃生人员速度、等待时间、逃生口大小等参数,通过隧道 BIM 逃生模拟系统模拟计算出隧道内人员的逃生路线、各个逃生口的拥挤程度、不同时间段逃生人数,以及逃生总时长等数据,以此辅助评估隧道逃生系统设计的可行性和合理性,进而优化隧道逃生系统设计,隧道逃生仿真分析如图 4-31 所示。

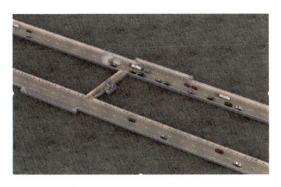 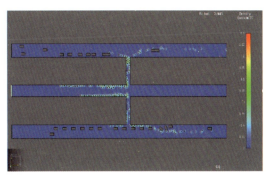

图 4-31 隧道逃生仿真分析

3）地质分析与选线

根据地质勘察资料建立过江通道范围内的江底三维地质模型，将其与三维 GIS 环境模型、隧道模型相结合，查看隧道路线范围内的基岩凸起段、孤石与隧道模型的位置关系，为隧道设计选线提供基础，隧道地质选线与分析如图 4-32 所示。

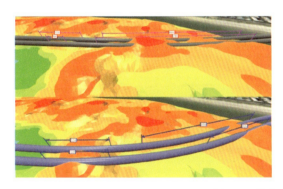 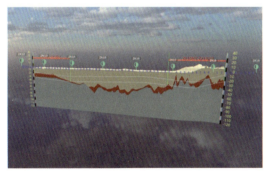

图 4-32 隧道地质选线与分析

4）施工工艺模拟

根据施工实施技术方案和施工过程中的组织方案，通过 BIM 模型，在三维实景环境中将施工工序、安全注意事项、施工器械进出场顺序等内容以动画形式呈现，方便与项目业主沟通，也方便与施工单位进行技术交底。

4.6.4 BIM 应用价值分析

本工程注重发挥 BIM 技术在设计过程中的实质性作用，基于 BIM 模型开展复杂工点的精细化设计，并最终输出传统设计所需的图表，解决传统设计完成难度较高的设计工作，并较好地补充了图表对设计意图表达的深度；此外，利用 BIM 集成作用，使设计能够与其他专业、地质情况、施工工艺等进行协同，辅助设计提质增效。上述 BIM 应用已逐渐成为现阶段隧道工程设计过程中的通用做法，其价值随着相关工具的成熟而逐渐凸显。

4.7 天山胜利隧道工程

4.7.1 项目概况

天山胜利隧道设计为分离式隧道,隧道全长 22.035km。隧道洞身最大埋深约 1112.6m,运营通风设置通风竖井 3 处,最深竖井达 705.7m,该隧道采用三洞方案,其中中导洞采用 TBM 法,双主洞采用钻爆法,隧道主洞施工通过中导洞开辟辅助工作面实现长隧短打,此工艺为国内首次在特长高速公路隧道施工中应用。本项目聚焦隧道施工阶段搭建了基于 BIM 的管理平台,并注重在数据层面上探索 BIM 的应用方法与价值。

4.7.2 工程信息查看

1)环境模型查看

针对天山胜利隧道研发基于 BIM 的管理平台,搭建精细化三维虚拟场景,重点集成 GIS 要素、隧道工程模型、地质模型等数据,并补充隧址区周边重要的工程影响因素,例如道路、冰川保护区、二级水源地保护区,以及影响较大的断裂带,环境模型与地质模型如图 4-33、图 4-34 所示。

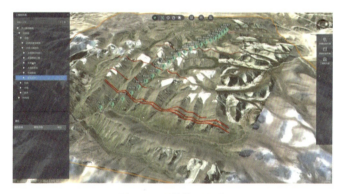

图 4-33 环境模型查看

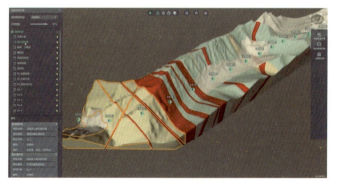

图 4-34 地质模型查看

2) 工程模型查看

在平台中结合应用需求与 EMBS,分别建立 L3.5 和 L4.0 级模型,如图 4-35、图 4-36 所示,并基于此开展多场景应用。

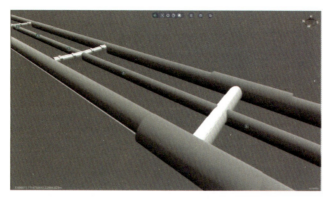

图 4-35　隧道整体结构模型查看(L3.5 级)

图 4-36　衬砌结构细节查看(L4.0 级)

3) 空间几何测量与数据信息查询

平台支持点对点距离测量、绘制路径距离测量、面积测量,以及设计文档和其他资料的快速查看,如图 4-37 所示。

图 4-37　隧道系统测量功能

4.7.3 数据集成查看

BIM技术应用中最重要的目标之一是打通数据壁垒,由于本项目建设过程中存在多个信息化管理系统,为了集成多源建设信息,通过制定模型结构与标准,建立与WBS的对应关系,实现建设管理信息的管理集成与查看,达到了项目管理目标。

通过平台研发,实现了对安全步距、TBM进度(及施工状态)、人机定位、视频监控等第三方数据的集成接入,并支持进度数据的人工填报。

1)总体进度查看

总体进度查看支持用户查看当前掌子面位置、实际施工进度和计划施工进度;进度区分为总体进度和单洞具体进度,便于用户有针对性地使用,总体进度查看如图4-38所示。

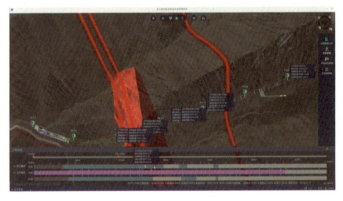

图4-38 总体进度查看

2)TBM监控信息集成

建立本平台与TBM监控平台的数据通道,实现基于BIM模型的TBM刀盘位置(切口里程)、刀盘转速、扭矩、推力等掘进过程中盾构机重点状态信息的查看,TBM监控平台信息集成如图4-39所示。

图4-39 TBM监控平台信息集成

3)智慧工地管理信息集成

建立本平台与智慧工地系统的数据对接,支持用户实时查看当前隧道施工区域的有毒有害气体浓度,人员及机械设备等的位置信息及运动轨迹,如图4-40、图4-41所示;同时支持用户通过列表选择,查看施工标段场地摄像头的实时监控视频,如图4-42所示。

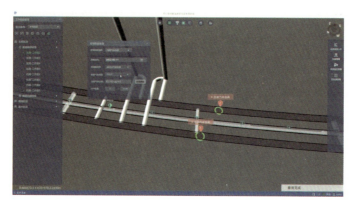

图4-40　有毒有害气体信息集成

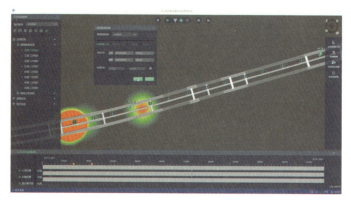

图4-41　人员及机械定位信息集成

图4-42　监控设备信息集成

4.7.4 动态设计辅助

在隧道施工过程中,随着进尺不断增加,地质情况可能出现持续变化,为便于设计人员动态把控工程的变更情况、统计变更前后工程量的差异,方便设计人员做出决策,开发动态设计辅助工具。

本工具分为前端和后端两个部分,其中后端用于设计人员进行设计变更操作,前端用于各用户对变更前后数据进行查看和对比。

1)动态设计辅助工具后端

程序数据库接入了超前地质预报信息、支护衬砌库及预设计成果,如图4-43、图4-44所示,支持设计人员查询所需要的信息,以支撑做出对应的变更设计。

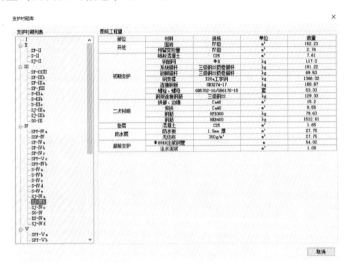

部位	材料	规格	单位	数量
开挖	围岩	Ⅳ级	m³	152.23
	预留变形量	Ⅳ级	m³	2.76
初期支护	喷射混凝土	C25	m³	7.61
	钢筋网	Φ8	kg	117.0
	系统锚杆	三级钢22药卷锚杆	kg	191.22
	锁脚锚杆	三级钢22药卷锚杆	kg	69.53
	钢支撑	I20a工字钢	kg	1366.02
	连接钢板	GB3274-17	kg	180.87
	螺栓、螺母	GB5782-16/GB6170-15	套	53.33
	钢架连接钢筋	三级钢22	kg	129.33
二次衬砌	拱部、边墙	Ca40	m³	15.2
	仰拱	Ca40	m³	9.55
	钢筋	HPB300	kg	79.63
	钢筋	HRB400	kg	1512.61
垫层	混凝土	C25	m³	1.65
防水层	防水板	1.5mm 厚	m³	27.75
	无纺布	350g/m³	m³	27.75
超前支护	Φ89X6注浆钢管		m	54.02
	注水泥浆		m³	1.08

图4-43 支护衬砌库

	路线名称	起点桩号	终点桩号	长度(m)	围岩类型	衬砌类型
1	ZK	75660	75707	47	其他	SPz(棚洞)
2	ZK	75707	75755	48	其他	S-Ma明洞
3	ZK	75755	75833	78	V	XS-Va
4	ZK	75833	76153	320	IV	XS-IVa
5	ZK	76153	76168	15	V	XS-Va
6	ZK	76168	76213	45	V	S-Vh
7	ZK	76213	76243	30	V	S-Vh
8	ZK	76243	76305	62	V	S-Vh
9	ZK	76305	76319.8	14.8	IV	SJ-IVe
10	ZK	76319.8	76330	10.2	IV	SJ-IVa
11	ZK	76330	76340.2	10.2	IV	SJ-IVb

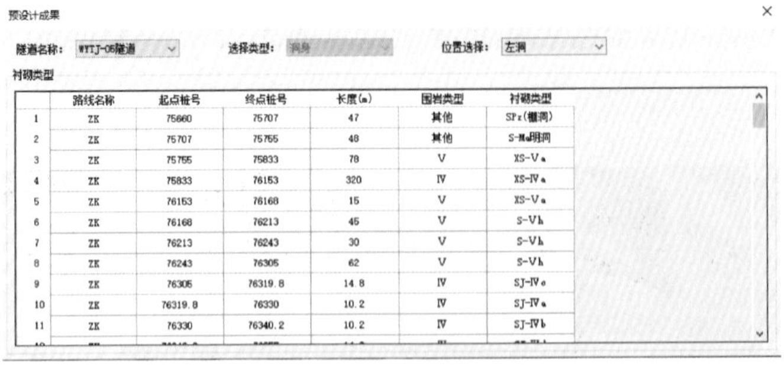

图4-44 预设计成果

系统支持对任意桩号范围的衬砌类型进行变更选择,并计算变更前后工程量,辅助设计人员快速完成变更设计。

2)动态设计辅助工具前端

前端程序从中心数据库同步变更设计数据后,可实时查看最新设计方案,包括变更前后的围岩模型及衬砌模型。

该模块支持对每延米工程量的查看与变更前后对比、总工程量变化对比，以及对应变更类型的 L4.0 级模型查看，如图 4-45 所示。

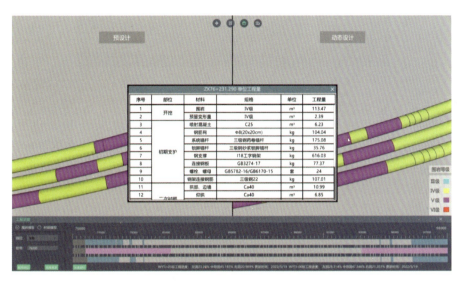

图 4-45　工程量查看

4.7.5　洞内交通辅助

天山胜利隧道采用中导洞＋主洞多工作面工法，洞内施工环境恶劣，工作车辆及机械设备类型数量多、交通组织复杂，易发生交通拥堵。洞内通信手段、信号控制手段无法满足高强度车辆调度的需求，迫切需要一套包含车辆定位、监控、预警、调度、通信等功能的智能决策调度系统。通过现场已部署的车辆管理软硬件系统，调研洞内车辆交通运输组织业务逻辑，研究车辆运输智能算法，本项目研发了洞内交通辅助功能模块，以满足智能管理的需求。

1) 信息集成展示

通过收集和展示空间、车辆、信号灯的状态，并以可视化界面形式进行交通信息集成展示，如图 4-46、图 4-47 所示，为人工调度和智能调度提供基础数据。

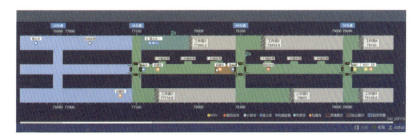

图 4-46　信息集成二维展示

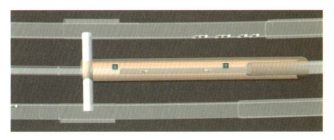

图 4-47　信息集成三维展示

2) 车辆状态预警

通过对车辆状态、速度、定位的信息收集,对洞内车辆数量、分布、历史数据进行统计分析,对超速车辆预警提示。针对掌子面爆破后出现在工作面附近的车辆集中等待装渣现象,该模块通过设置工作面等待车辆的阈值,实现车辆数量饱和时自动向调度中心发出提示的功能,以提示现场进行集中重点调度,从而缓解洞内交通压力,车辆状态预警如图 4-48 所示。

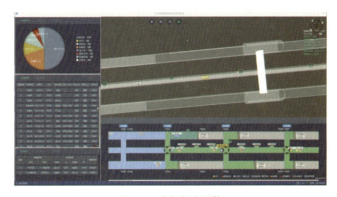

图 4-48　车辆状态预警

3) 智能调度

针对洞内平交口、中导洞错车、特种车独占等交通调度处理难点,实现智能调度功能,如图 4-49 所示。通过调整信号灯配时时长、设置信息提示牌及特种车辆影响区域提醒等功能的开发,满足了合理规划和调度车辆、优化洞内错车、避免洞内倒车等管控目标。

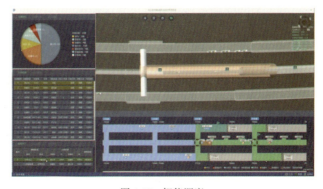

图 4-49　智能调度

4.7.6　BIM 应用价值分析

天山胜利隧道工程的设计、施工难度大,施工中分为两个标段分别从进出口对向掘进施工,隧址区环境条件复杂,建设单位管理难度高。在 BIM 应用过程中,BIM 模型为相关感知设备的接入、多源数据集成、算法设计等提供了条件,为解决各方遇到的难题奠定了基础。

整合 BIM 模型、地理地质模型等,形成三维虚拟场景,支持查看丰富的设计成果数据,并进一步接入包括 TBM 设备、智慧工地等实时数据,实现跨平台数据融合,构建了项目基础数据资源池,打通了工程建设过程中因管理系统繁多而产生的数据壁垒,提高了项目管理决策效率;在隧道工程动态设计过程中,利用 BIM 模型构件库成果,支持快速完成围岩变化时的衬砌方案变更设计,并与系统数据互通,实现模型的迭代;天山胜利隧道工程出渣量大,对施工进度的影响大,出渣车辆在洞内面对的交通情况复杂,通过设计洞内交通辅助算法,实现基于平台的洞内交通可视化、预测管控,保障多工作面下最大效率出渣,对"BIM+"的应用方式进行了有益探索。

4.8　隧道工程 BIM 技术应用总结

本书针对隧道工程项目,全面探索 BIM 技术在设计、施工过程中的应用,为隧道工程的 BIM 技术实践积累了许多有价值的经验。同时,笔者根据标准体系建设经验,结合现阶段隧道工程勘察设计、施工及运维业务流程,初步探索建立全生命期 BIM 应用流程,提出符合目前工作模式的数字化应用方法,并进一步对在设计、施工过程中常用且价值明显、效果良好的 BIM 技术应用场景和方法进行总结。

4.8.1　隧道工程全生命期 BIM 应用流程

国内隧道工程 BIM 技术多以"点状"应用为主,能够解决或提升传统设计局部环节的难题或效率,并通过模型创建、可视化分析、仿真分析等积累了一大批价值凸显、效果良好的应用成果,通过分析,BIM 技术有"可视化"与"结构化"两大典型优势,现阶段我们对"可视化"方面的应用取得很大的进步,但对"结构化"方面的应用研究与挖掘不多,阻碍了 BIM 技术对传统业务流程提质增效的步伐,也未达到数字技术对传统工作模式变革的预期。因此,本节结合笔者多年的 BIM 技术应用经验,尝试从 BIM"结构化"特点出发,探索隧道工程全生命期 BIM 应用流程与方法。

根据 BIM 技术"结构化"的特点,将 BIM 模型作为一种"信息容器",一方面承载设计、施工及运维所需的各类数据,另一方面根据不同的模型版本起到串联传统业务流程的作用。隧道工程全生命期 BIM 应用流程如图 4-50 所示,从数字化角度划分为信息生产、信息集成及信息应用 3 个步骤,从模型的版本角度分为设计应用模型、设计交付模型、施工应用模型、竣工交付模型及数字孪生模型 5 个版本,上述模型均在 CDE 中进行协同和跨阶段传递。

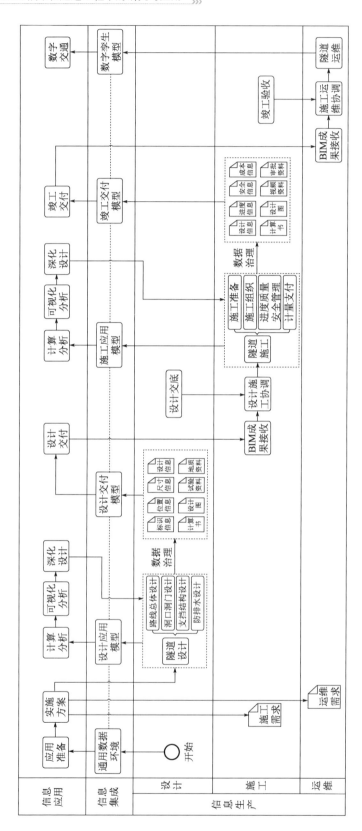

图 4-50 隧道工程全生命期BIM应用流程

CDE 是完成数据协同生产与信息管理应用的重要技术手段,通过数据准备、实施方案编制等环节,来确保模型精度、数据存储方式、接收标准、责任矩阵及交付计划等多方协作基础的统一,实现信息生产过程中信息的可追溯与唯一性,解决了不同项目参与者由于使用的工具不同而造成的格式不统一、信息不协调的问题,并能够在信息生产管理流程中嵌入 BIM 技术应用点,实现高质量信息生产。

此外,从 BIM 技术原理分析,"信息容器"可作为结构化数据存储的框架,通常表现为模型单元,模型单元又由最小模型单元构建而成,通过建立单元间逻辑关系,为关系型数据库确立了基本的数据结构,支撑数据的存储与后续计算。现阶段,虽然在全生命期设定了上述 5 种模型版本,但 BIM 技术本身便强调协同与数据的互联互通,因此,模型应是基于上一代版本而不断迭代完善的,信息应不断补充丰富,而非推倒重来,从数字孪生的角度分析,不断迭代升级的模型版本也是"虚实映射""同生共长"的直接体现,随着隧道工程建设完成,相应的模型版本也到达最终的数字孪生模型。

隧道工程全生命期 BIM 应用流程中,勘察设计是全生命期的"龙头",从设计阶段开始,应充分尊重和保留目前法律法规框架下的工作模式,围绕 BIM"结构化"特点,以数据为核心,完成信息生产、信息集成及信息应用三个步骤。

以公路山岭隧道为例,其设计内容大体包括总体设计、洞口洞门设计、衬砌结构设计与计算、防排水设计、路基路面设计等,完成设计后将设计信息用设计应用模型进行表达,并围绕计算分析、可视化分析、深化设计三个应用场景,提高设计质量和附加价值。

由于目前用于隧道数字化的设计软件相对较少或发展不够成熟,且隧道工程的标准化进程相对滞后,所产生的数字化成果仍以非结构化成果为主,因此,针对设计成果需开展数据治理。数据治理的核心目的是对设计数据进行标记和分类,从而实现数据结构化,支持后续多应用场景下的数据分析与定位操作。标记与分类操作应符合现行行业标准的相关要求,对隧道工程设计成果中能够结构化的数据应尽可能不做数据的删除和精简,而是对数据进行复核、去重与补充,对隧道工程设计成果中难以结构化或结构化意义不大的数据,如计算书、试验资料等,可采用文档等二进制的方式与模型进行有效关联,并宜补充非结构化数据中的关键信息,以字符的方式存入信息模型中,完成信息集成。

现阶段,采用结构化和非结构化相结合的方式是根据目前隧道工程建设客观情况决定的,同时该思路也符合 ISO 19650-1:2018 标准的数字信息管理成熟发展路径,如图 4-51 所示。最终,随着模型版本的不断升级,得到了承载全部设计成果的设计交付模型,并通过设计交底等传统工作环节,将设计交付模型顺利传递给施工阶段使用,完成信息应用。可见该信息应用是依托于 BIM"结构化"特点的更深层次的应用。

隧道施工阶段,将会进一步根据自身的施工需要将设计阶段交付过来的模型,深化得到施工应用模型,开展施工过程中的计算分析、可视化分析及深化设计等应用,施工过程中产生诸如进度、安全及成本等信息将通过数据治理后存入模型,得到竣工交付模型,再传递给运维阶段,运维阶段根据当前阶段的业务需求,对模型进行重新组织或深化,最终得到数字孪生模型,并为数字交通、智慧运维等提供全生命期内公路工程对象中丰富的数据,支持相关应用开展,从而实现在全生命期内上述 3 个步骤、5 个模型的不断演进和迭代。

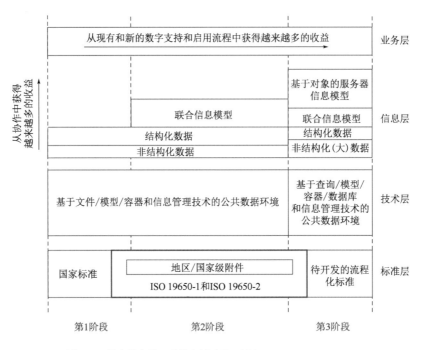

图 4-51 数字信息管理成熟发展路径(来源于 ISO 19650-1:2018)

4.8.2 可视化分析

作为 BIM 技术应用实施中开展频率最高的应用场景,可视化分析在工程实践过程中发挥了重要的作用,并逐渐改变了隧道工程建设各环节的沟通交流模式。根据应用需求与技术手段的不同,可视化分析可分为 BIM + GIS 方案全景展示、BIM + 实景合成漫游、方案比选分析等。

1) BIM + GIS 方案全景展示

BIM + GIS 方案全景展示,常在隧道工程设计方案研讨、汇报评审等环节开展。方案展示内容宜包含隧道工程主体与周边地理环境,借助数字平台功能,搭建三维虚拟场景,并实施三维漫游、沿路径漫游、VR 体验、自由漫步、局部高清效果图制作等,方案全景展示应用流程如图 4-52 所示。

隧道工程方案全景展示的要点根据不同的阶段会有所不同,常包括洞口选址、洞身与地层间位置关系、重要结构物(如竖井等)布设等。BIM + GIS 技术不仅充分利用了 BIM 模型的精细化特点,而且也通过 GIS 技术还原了工程建设周边虚拟场景,基于数字平台技术,实现设计方案 BIM 模型与隧道建设地理环境模型的整合,进而将传统二维设计难以直观明显、系统完整表示的设计意图与内容在视觉上进行传达,隧道工程三维虚拟场景如图 4-53 所示。

第4章 隧道工程BIM应用案例

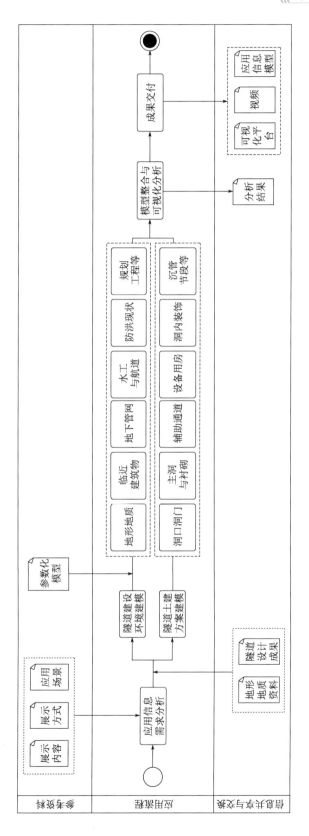

图4-52 方案全景展示应用流程

图 4-53 隧道工程三维虚拟场景

开展 BIM + GIS 方案全景展示前,应先确定用于承载的平台特点,这将影响后续模型的处理方式、展示效果及成果形式等,目前常用的平台包括三大类:一是 BIM 平台,如 Infraworks 等,主要以 fbx 为模型交换格式,平台中提供了非常丰富的可视化展示功能,实时渲染能力出众,并具备一定的创新性设计能力,其成果形式往往依赖于网络与客户端,网页端需借助额外的云服务,离线成果包的数据体量较大,不便于交付与传递使用。二是 GIS 平台,如超图、易智瑞等商业化平台,以及 Cesium 等开源平台,该类平台因 GIS 技术发展多年,具备非常强大的数据管理能力,在数据承载、展示功能方面能力出众,但渲染效果往往不尽如人意,其交付成果以网页端为主,前提是需要配备相应的硬件设施。三是高逼真渲染引擎平台,以 Unity3D、UE 等游戏引擎为主,主要以 fbx 为模型交换格式,平台具备非常强大的渲染能力,且具备物理引擎,相关的开发社区活跃,能够满足多样化的展示需求,交付成果可打包为可执行文件,交付与传递便捷,但当隧道工程展示成果体量过大时,需要较强的底层开发与处理能力,整体数据承载能力相对 GIS 平台较弱。

因此,可根据方案全景展示的具体需求、模型体量、交付要求三方面选择合理的数字平台,也可考虑将多种类型平台进行融合开发,以充分发挥各自的优势。但需注意,由于隧道工程主体结构处于地下,无论是否建立地质模型,均需平台能够对各类模型进行有效管理,特别是需具备模型的隐藏、调整透明度等功能,从而清晰观察主体工程与地理地质环境的位置关系。

搭建隧道工程方案全景展示虚拟场景时,首先划定方案展示范围,然后创建范围内的主体工程对象的模型、获取沿线两侧一定距离范围内的地理信息数据,并遵循不过度建模的原则。

深入分析展示要点需求,对同一隧道工程的不同部位可采用多种模型精细度等级,再辅助以少量属性信息,以满足应用为目标,无须受制于交付标准的规定。环境模型可采用 DEM 及 DOM 数据融合而成,但在一些高度城市化地区或城区内的隧道建设项目中,宜对地面影像数据中的房屋、树木等进行人工补充建模,且注重展示效果的把控,包括光线渲染、模型材质、动态特效等,也可采用倾斜摄影实景模型数据,但因倾斜摄影数据的体量往往较大,需预先做好数据的轻量化处理。

对一些地下互通隧道工程,还可在虚拟场景中补充互通匝道动态车流、路线桩号标识等信息,从而强化对方案的表达,地下互通隧道工程可视化分析如图 4-54 所示。

图 4-54　地下互通隧道工程可视化分析

2）BIM + 实景合成漫游

BIM + 实景合成漫游融合了 BIM 技术、无人机技术及影视实景合成技术，常用于设计方案汇报评审环节。由于隧道在地面以下，而该应用在用于反映地面以上结构物的状态时效果较佳，因此，大多数情况下用来展示隧道进出口位置，隧道整体走向及其对城镇区整体布局规划的影响等方面，交付成果一般为视频。BIM + 实景合成漫游应用流程如图 4-55 所示。

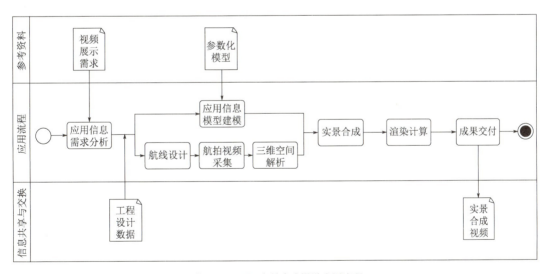

图 4-55　BIM + 实景合成漫游应用流程

BIM + 实景合成漫游主要分为四个步骤。首先，利用 BIM 设计软件完成工程模型的创建，输出为通用的三维模型格式；其次，规划目标区域的航线，利用无人机完成视频拍摄；然后，通过实景合成软件完成航拍视频的三维空间解析，将道路模型与视频三维空间进行融合和匹配；最后，设置模型的材质和光照，完成实景合成视频的输出。

用于 BIM + 实景合成漫游的建筑信息模型，当体现隧道工程的整体走向时，其主体工程具体的衬砌细节等可无须考虑,因最终成果为视频,故对工程的属性信息无要求,一些关键信息可通过动态标签方式加到视频画面中进行体现。

根据需要展示的范围与内容,规划好无人机航线,为确保外业采集视频的质量,应尽量保证匀速直线平稳飞行,并注意在良好天气条件下开展飞行作业。

推荐使用 Maxon Cinema 4D 或 After effects 这类具备实景合成功能模块的软件开展视频制作,在实景合成的过程中,若遇到模型与视频错位的现象,可通过调整视频空间约束来解决。

因实景合成计算和渲染计算量大,对计算机的处理器与显卡有一定的要求,考虑使用一秒25帧的画质,平均渲染一帧画面需要10s左右,一般情况下,渲染一段5min的实景漫游视频就需要近20h。

3)方案比选分析

方案比选分析建立在多套BIM模型基础上,综合利用BIM + GIS可视化、漫游动画、细节对比、量化分析等技术手段与方法,对隧道工程的隐蔽工程、关键部位等在可视化、量化指标方面进行分析比较。这个过程中的内部讨论、汇报评审环节需根据业务需要建立一定的比选分析评价规则,最终目的是辅助确定最优设计方案,方案比选应用流程如图4-56所示。

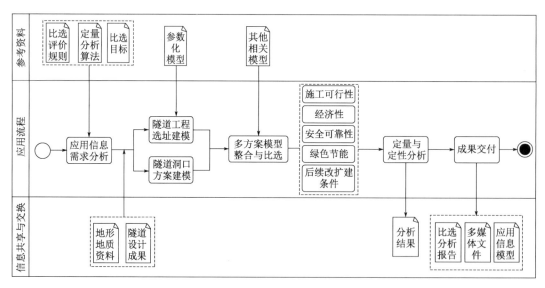

图 4-56 方案比选应用流程

方案比选分析需依托于数字平台,可与 BIM + GIS 方案全景展示联合考虑,综合确定隧道工程 BIM 模型与地理、地质环境要素的建模精细度等级,建模内容更加灵活多样,包括但不限于主洞及辅助通道,如竖井、斜井、平行导洞、工作井;隧道周边的地形、地貌及地质情况,隧道临近建(构)筑物、地基基础和地下管网,水下隧道所在河段或海域的航道、水工建筑物、港口码头、岸线建(构)筑物、水下管线、障碍物、防洪工程等,并将比选分析评价规则与相应的模型构件相互关联,通过补充属性信息能够快速、定量地得到分析结论,基于精细化地质模型的隧道选线如图4-57所示。

图 4-57 基于精细化地质模型的隧道选线

方案比选可分别从隧道设计方案的施工可行性、经济性、安全性、绿色节能及后期改扩建条件等方面展开比较。聚焦隧道工程选址及关键部位的方案设计合理性,通过整合信息模型与隧道周边地形地质、路基或桥梁、环境敏感区数据,综合比较确定最优的隧址方案。

进一步针对隧道工程关键、重点部位开展比选分析,包括:

(1)隧道洞口位置、洞门形式、洞口防护、洞门建筑方案及洞口周边景观协调情况,如图 4-58 所示;

(2)洞身段与特殊地质情况的空间关系、采用的衬砌方案或管片拼装方案;

(3)敞开段、暗埋段的结构形式,地下设备用房(变电所、泵房、风机房)方案、洞口过渡建筑方案;

(4)管段结构形式、基础形式,以及干坞布置方案。

图 4-58 天山胜利隧道进口方案

隧道工程与地形地质条件密切相关,在比选过程中势必会不断调整设计方案,要求模型能够参数化创建,并能够与地形、地质条件快速融合,从而支持设计人员快速找到最优方案,这种应用方法与三维数字化设计的理念一致,但对软硬件条件的要求较高。

4.8.3 隧道工程深化设计

深化设计是利用 BIM 模型及相关软件工具,针对设计成果进一步深化或优化,是对传统设计工作的有效补充。碰撞检查(建筑限界核查)、工程量统计、模型出图是三种频率较高、价值明显的应用。

1)碰撞检查(建筑限界核查)

隧道工程碰撞检查通过建立工程主体结构模型与虚拟的建筑限界模型,利用碰撞检查技术手段,对隧道洞内通风、照明等设施进行核查,自动判断工程结构物与建筑限界的位置关系是否合规,有效解决了传统二维设计手段中道路建筑限界核查手段效率比较低的问题。在完成阶段性设计后,利用该技术对设计成果开展碰撞检查,是设计过程中重要的环节,碰撞检查应用流程如图 4-59 所示。

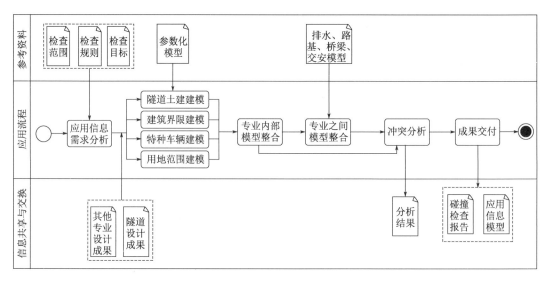

图 4-59 碰撞检查应用流程

由于本应用是借助隧道工程模型三维空间特性进行的,因此,模型创建时的关键空间尺寸需与设计保持完全一致,并忽略与碰撞检查无关的细节构件模型,具体实施时通常会根据主体结构的类型,建立内轮廓尺寸准确的洞身模型,进一步增加通风照明、安全监控和装饰等附属设施,根据应用需要创建服务隧道、紧急逃生通道、车行横通道、人行横通道及相关附属设施模型。建筑限界模型主要根据《公路工程技术标准》(JTG B01—2014)或《公路路线设计规范》(JTG D20—2017)中的相关规定进行轮廓创建,并进一步沿隧道走向拉伸得到建筑限界虚拟模型。

碰撞检查需借助软件工具,常用的商用软件为 Navisworks,将主体工程及附属设施模型导入,再叠加建筑限界虚拟模型后,开展二者间的碰撞检查,可分析得出软碰撞与硬碰撞位置;进一步增加大型或特种车辆模型,模拟其在隧道中通行,人工核查通行空间是否满足要求。

除上述的建筑限界检查外,在三维虚拟环境中展示隧道工程与周边建筑物、地基基础及用地范围等的冲突关系,检查土建结构与预留预埋件、土建结构构件之间,隧道排水与进出口路基排水,进出口与路基,桥梁与交通安全设施等衔接的顺畅性,均属碰撞检查的范畴,洞身与基础的碰撞检查如图4-60所示。

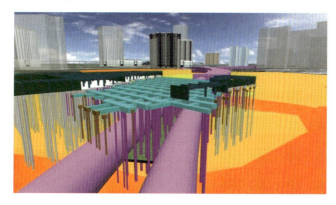

图4-60 洞身与基础的碰撞检查

2)工程量统计

工程量统计是利用建筑信息模型中包含的几何数据和属性信息,根据不同阶段的项目应用需求,对工程量进行快速识别、计算,并输出相应的数据或表单。工程量统计结果可用于造价计算、方案比选分析等环节,作为深化设计的重要应用场景之一,该项应用能够在一定程度上解决二维设计算量易出错、计算过程繁复等问题,工程量统计应用流程如图4-61所示。

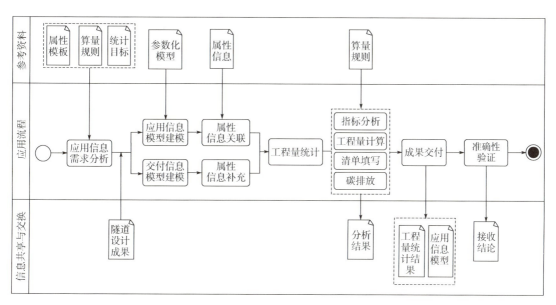

图4-61 工程量统计应用流程

工程量统计应用大体分为两类,一是利用BIM技术手段与软件工具,针对隧道洞口边坡、仰坡、衬砌结构等工程量快速统计,计算得到相对准确的工程数量,常用的软件包括Civil 3D、Revit等,通过模型的交互式设计,能够实时提取长度、面积及体积等数据;二是以模型为信息载体,通过模型构件之间的关联关系,建立各级别数据的汇聚与统计通道,得到以模型结构为框架的不同部位的工程量统计指标。

由此可见,在上述两种工程量统计方法中,前者是建模与工程量计算几乎同时发生,模型创建完成后,便得到了其中的属性数据;后者是发挥模型的"信息容器"作用,通过建立隧道工程的分解结构,利用结构中最末端的模型单元数据,逐渐构建其多部位的工程数据,还可进一步扩充针对属性数据的内容,实现更多、更复杂的工程量统计功能,隧道衬砌工程量自动统计如图4-62所示。

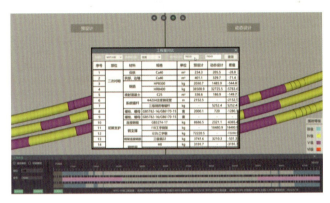

图4-62 隧道衬砌工程量自动统计

3) 模型出图

模型出图是基于隧道工程信息模型进行图纸的绘制,能够起到替代一部分传统二维图纸绘制工作的作用。现阶段,主要针对部分复杂的结构构件,绘制三维轴测图、三维作业指导书等,实现对现有图纸的有效补充,通过本应用的开展能够进一步提高设计的附加价值,加大传统设计深度,模型出图应用流程如图4-63所示。

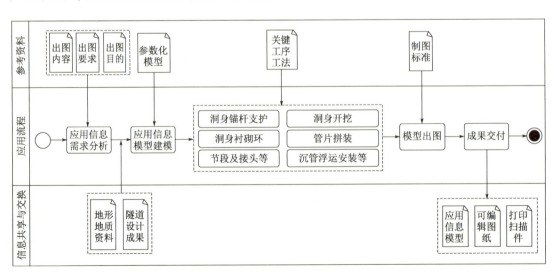

图4-63 模型出图应用流程

由于隧道工程具有线性与构件化的双重特点,因此,在针对局部复杂结构进行出图时,应充分利用模型剖切、隐藏、渲染等功能,从建筑信息模型中获取平面图、立面图、剖面图、详图或轴测图等,隧道工程复杂部位模型标注如图4-64所示,相关标注需符合有关标准规范的要求。

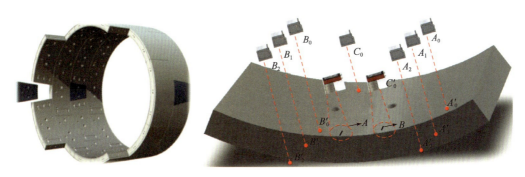

图4-64　隧道工程复杂部位模型标注

针对复杂的隧道工程建设项目,通过对隧道洞身锚杆布设、盾构隧道管片及拼装、沉管隧道沉管节段及接头等进行三维模型创建,进而绘制轴测图,并在轴测图中清晰表述与其他图纸及信息模型的关系,明确是否能独立交付表达设计信息,轴测图宜采用彩色表达对象真实颜色、材质等信息,当发生设计方案变动或动态设计变更时,相应的轴测图与信息模型同步更新,以保证二者的一致性。

隧道洞身开挖、盾构隧道管片拼装、沉管隧道沉管节段施工等复杂的工序工法,可利用三维模型,出具三维作业指导书,利用三维模型轴测图表达关键施工环节,实现类似于"积木拼装说明书"的效果,降低后续施工过程中的交底难度。

4.8.4　仿真模拟分析

仿真模拟分析是在建筑信息模型构建的三维虚拟环境中,预测和模拟未来施工、运维过程中可能遇到的一系列问题,从而评判设计方案的优劣和合理性,仿真模拟往往涉及人、车及路之间协调关系的解析与数学模型建立,开展该应用对相关业务条件的要求较高,属于现阶段隧道工程BIM应用中难度较高的内容,仿真模拟分析应用流程如图4-65所示。

1)人员疏散模拟

隧道工程是地下隐蔽工程,当发生车祸、火灾等突发事件时,如何有效保证人员顺利逃生、救援人员快速到达事发现场是隧道设计中的重难点,特别是对长隧道工程而言,开展安全疏散模拟分析的需求更为迫切。通过建立隧道工程主体及进出口前后一定范围内的衔接道路模型,模拟隧道发生突发事件时的人、车行为,以及救援方案,借助专业的疏散分析工具,进行安全疏散模拟,此项应用的难点在于真实还原出在有限的路径条件下人群的逃生行为,人员疏散模拟如图4-66所示。

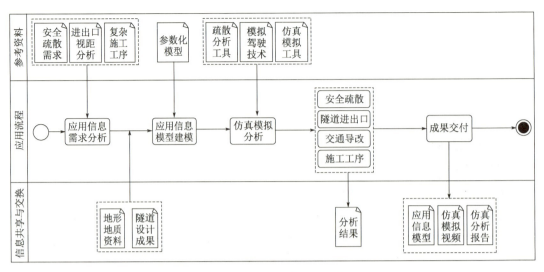

图 4-65　仿真模拟分析应用流程

图 4-66　人员疏散模拟

在长隧道建设过程中,会针对火灾进行有效的逃生设计,常用的模拟工具是火灾动力学模拟软件(Fire Dynamics Simulator,FDS)+Pathfinder,可以计算疏散通道设计方案的效果与疏散时间。一般步骤是,首先建立公路隧道形态及疏散通道,然后设置模型的物理参数,如火源位置、大小及温度,烟气密度与速度等,通过模拟工具计算生成烟气扩散和人员疏散的结果,并将分析计算结果导出,通过 BIM 模型创建公路隧道虚拟环境及疏散通道,利用计算结果驱动模型实现可视化效果的展示。

2) 交通组织模拟

随着改扩建工程越来越多,隧道工程改扩建也面临交通导改的需求。通过建立既有道路、改扩建道路、交通安全设施、保通临时设施等建筑信息模型,将各阶段的交通组织方案进行可视化三维动画展示,验证交通组织设计方案的可行性和合理性,借助交通仿真分析软件计算结果,反映路网交通状态及施工过程中车流的保通状态等信息,减少方案设计和沟通成本,在交通组织方案汇报过程中,便于设计方案能快速获得交警等政府管理部门的批准。

天山胜利隧道在多工作面开挖过程中,利用 BIM 模型搭建的基础三维虚拟环境,结合物联网(Internet of Things,IoT)数据、设计与施工数据开展出渣车辆的智能调度,通过调整信号灯配时时长、设置信息提示牌及特种车辆影响区域提醒,满足合理规划和调度车辆、优化洞内错车、避免洞内倒车等管控要求,实现交通行为的有效组织,多工作面开挖下的洞内交通组织模拟如图 4-67 所示。

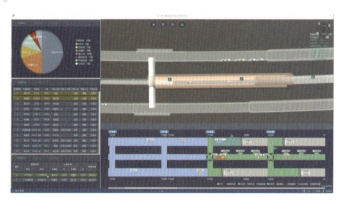

图 4-67　多工作面开挖下洞内交通组织模拟

3)施工工法模拟

盾构法隧道、沉管法隧道或如天山胜利隧道这类多工法结合施工的项目,在进行施工技术交底时对其复杂的工艺、工序开展可视化模拟,如图 4-68 所示,展现施工方法和施工细节,可以准确、清晰地向施工人员展示设计意图,帮助施工人员理解、熟悉施工工艺和流程。施工工法模拟的重点在于反映复杂结构的类型、尺寸、位置、施工顺序、安装及连接方式等,以及对工艺操作、流程、方法、时间、人力、施工机械、工作面的需求配置等。

图 4-68　竖井施工工法模拟

此外,基于建筑信息模型对隧道进出口视线、视距进行仿真,对隧道地质情况、支护衬砌、通风排烟、装载出渣等开展分析,均属仿真模拟分析范畴。

4.8.5　隧道工程计算分析

隧道工程计算分析包括岩土力学计算、安全性计算分析等,利用设计过程建立的 BIM 模型,进一步开展基于模拟驾驶的安全性评价,以及利用 BIM 模型转换为有限元分析模型,可以避免重复建模。隧道工程计算分析发挥了 BIM 可作为数据资源的特点,提高了模型的应用价值。

1) 岩土力学计算分析

隧道工程岩土力学计算常采用的软件有 MIDAS、ANSYS 等,随着 BIM 技术的飞速发展,用于与上述有限元分析软件进行模型转换的接口趋于成熟与稳定,常用导入有限元分析软件的模型格式包括 STL、IGES、STEP、IFC 等。在 BIM 建模工具中可进一步开发相应的有限元单元,将隧道工程的衬砌结构转换为壳单元或固体单元,根据常用的本构模型,在模型创建过程中加入相应的属性信息,最大限度完成有限元分析前处理工作,计算分析流程如图 4-69 所示。

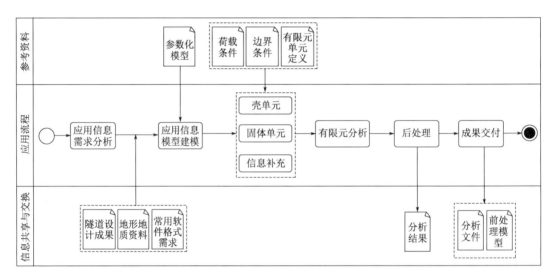

图 4-69　计算分析流程

在上述案例中,我们研发了 Revit 与 SAP2000 之间的数据交换接口,将 BIM 模型中的信息转换成 SAP2000 可识别的数据,通过施加荷载和边界条件,求解内力与变形,模型的价值得到了进一步体现。

2) 安全性计算分析

基于驾驶模拟的隧道安全性计算分析,通过创建路线数据,完成隧道进出口、洞身主体结构等建模,根据应用需求补充周边环境和景观要素,构建驾驶模拟环境,进行驾驶模拟仿真试验,设置多路段的单人、多人组合试验,收集驾驶员生理指标数据和车辆行驶状态数据,进而开展基于驾驶模拟试验的道路安全评价,结合设计线形数据、驾驶平台采集数据,构建道路安全评价体系,具体流程如图 4-70 所示。

基于驾驶模拟的隧道安全性评价需依赖软硬件来实现,常用的软件是 UC-Win|Road,硬件是驾驶模拟座舱,包括影像系统、多自由度平台、主控设备和数据采集设备等,中交二公院搭建的驾驶模拟平台如图 4-71 所示。

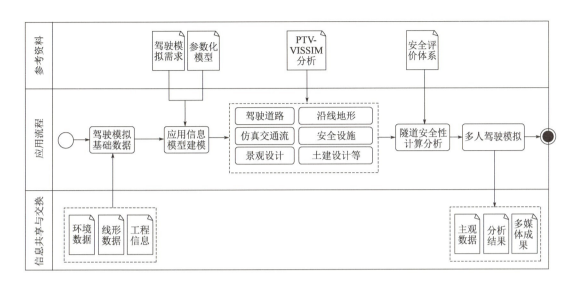

图 4-70　基于驾驶模拟的道路安全性评价分析流程

图 4-71　驾驶模拟平台

计算分析的重点在于,建立基于模拟驾驶数据采集的道路交通安全评价体系,并快速准确地搭建驾驶模拟环境,根据设计软件和模拟驾驶环境的数据结构进行开发,打通设计数据到模拟环境的通路,具体技术路线如图 4-72 所示。此外,驾驶模拟的行为受周边车辆影响较大,为了尽量还原实际交通流状态,可利用交通仿真软件 PTV-VISSIM 对交通流进行模拟,并通过数据接口将模拟成果输入 UC-Win|Road 进行还原仿真,通过多人模拟驾驶,采集到相关数据后,根据评价体系对隧道的交通安全做出更为量化的评价。

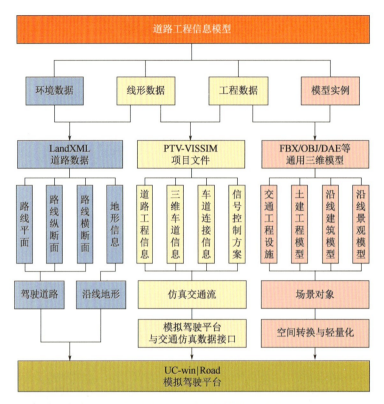

图 4-72　设计数据到模拟环境技术路线

第5章 展望

BIM 技术在我国隧道工程中的应用总体仍处于初级阶段。BIM 技术起源于飞机、汽车等机械制造业的三维设计理念，它的优势迅速被工程建设行业的从业人员所认同，并大力在工程实践中推广。但 BIM 技术在隧道工程等交通基础设施领域的应用价值仍具有较大的提升空间，随着数字化、信息化技术的不断发展，隧道工程设计将逐步从二维向三维过渡。BIM 技术在隧道工程项目全生命期的应用，将极大地促进隧道工程行业的技术进步和创新，将对提高隧道工程项目建设的整体水平起到巨大推动作用。

目前，公路工程数字化的推广应用面临着各种各样的难题，中交二公院将继续实施 BIM 技术研究推广应用战略，积极参与编制 BIM 相关技术标准、开展 BIM 关键技术研发、构建技术共享平台、提供工程建设项目公共信息服务平台，使 BIM 技术释放出更大的活力，推动工程建设行业技术不断进步，获得更大的经济和社会效益。

本书通过广泛调研国内外 BIM 技术发展应用现状、欧美国家的 BIM 标准体系，分析和总结了 BIM 技术在隧道工程中应用的重点和难点。简要介绍了工程模型创建、环境模型创建、倾斜摄影模型创建，以及多源数据融合和轻量化展示等基础技术的研究成果。分析了目前的 BIM 标准体系，对首批发布实施的三部交通运输部行业标准进行了解读，并对行业标准中隧道工程的相关内容进行了详细说明，结合中交二公院近年来的工程实践应用，列举了部分隧道工程 BIM 应用案例，供广大工程技术人员参考借鉴。

交通运输部发布的《数字交通"十四五"发展规划》明确提出到 2025 年，"交通设施数字感知、信息网络广泛覆盖、运输服务便捷智能、行业治理在线协同、技术应用创新活跃、网络安全保障有力"的数字交通体系深入推进，"一脑、五网、两体系"的发展格局基本建成，交通新基建取得重要进展，行业数字化、网络化、智能化水平显著提升，有力支撑交通运输行业高质量发展和交通强国建设。

总结 BIM 技术在隧道工程实践中的研究和应用成果，展望未来，工程数字化等相关技术的研究热点有以下几个方面：

1）完善隧道工程数字化设计平台，促进传统工作模式的转变

隧道工程的数字化设计平台更加完善，在工程项目实践中重点完善钻爆法、盾构法及明挖法等不同工法隧道的数字化设计功能，加快基于 BIM 的三维协同工作模式取代传统二维图形工作模式的进程，以隧道工程专业为突破口，促进数字化设计工作模式逐步向公路工程全专业

领域拓展。

2）深化 BIM 技术在工程项目全生命期内的应用

目前 BIM 技术在工程项目的规划、设计、施工等阶段成熟的应用案例较多，但是由于 BIM 相关交付标准的不成熟，真正实现 BIM 模型跨阶段传递的成功案例并不多见。国内 BIM 技术应用常见的情况为：设计单位根据设计阶段碰撞检查、深化设计等需求完成 BIM 模型创建与应用；施工单位根据施工阶段的需求，按照设计单位的图纸重新建立 BIM 模型，根据 BIM 模型完成施工工法模拟、虚拟建造、施工场地规划、工程算量等应用。由于工程项目建设管理单位对 BIM 技术熟悉程度不如设计和施工单位，因而在 BIM 技术应用价值最大的运维阶段成熟的 BIM 技术应用案例并不多见。

随着 BIM 相关实施标准的不断完善，尤其是 BIM 相关交付标准的成熟，以及 BIM 设计相关收费模式的明确，隧道工程 BIM 模型跨阶段交付将逐渐成为常态，工程各参与方将基于同一个 BIM 模型展开协同工作，BIM 模型将承载更多的工程信息，基于 BIM 技术的工程项目建设运维管理系统会更加成熟，BIM 技术的全生命期应用将成为必然的趋势。

3）数字孪生支撑隧道工程建设实现全生命期数字化

公路隧道工程具有空间狭长、结构封闭、黑白洞效应等显著特点，发生事故逃生困难，且易诱发二次连环事故，因此，长大隧道工程在运维期间严峻的安全态势成为营运单位的痛点。在隧道内发生交通事故、车辆故障后，需要及时发送警告信息给相关主体，对快速响应要求极高。但受限于当前的监控技术水平，事件检测精度普遍较低，隧道监控仍以人工巡视、视频监控事件为主要检测方式，仍存在识别度不高等技术瓶颈。当隧道内发生超速与违章变道等情况时，无法实时评估隧道交通态势并采取应对措施，当前仍然以事后处置为主。为此，如何实现精准感知、快速发现事故，成为隧道安全营运需要解决的重要问题。

在此背景下，采用数字孪生技术构建交通基础设施数字化、智能化发展的技术底座受到越来越多的关注，而隧道则成为极具代表性的特定应用场景。随着数字化和智能化技术发展热潮，多地也开始积极探索数字孪生隧道建设。

展望未来，数字孪生基于"动态""全生命期""实时/准实时""双向"四个特性，从多个方面赋能隧道营运的重点需求：利用数字孪生技术实现隧道空间基础设施数字化建模，同时实现进出隧道及在隧道内车辆的监测，并在隧道孪生体实现映射；通过交通运行孪生（包括车流量、运行轨迹、瞬时速度、车辆类别、车牌号码等）、应急管控孪生（包括事件还原、应急演练、影响推演、应急资源分布、救援仿真、处置调度等）、隧道全域监测（包括抛撒物、缓行/拥堵、违法停车、重点车辆跟随、行人闯入、处置调度等）、隧道智能决策（包括交通运行分析、应急评估分析、隧道安全分析、信息服务分析、运行效率分析等）实现隧道内通行车辆全域感知，改善洞内交通情况，提升应急处置效能，降低运维成本。

参 考 文 献

[1] 周毅,李曦,陈永祥.工程设计中应用建筑信息模型的主要障碍与对策[J].建筑经济,2012,361(11):101-104.
[2] 王婷,肖莉萍.国内外 BIM 标准综述与探讨[J].建筑经济,2014,379(5):108-111.
[3] 郑国勤,邱奎宁.BIM 国内外标准综述[J].土木建筑工程信息技术,2012,4(1):32-34+51.
[4] 清华大学软件学院 BIM 课题组.中国建筑信息模型标准框架研究[J].土木建筑工程信息技术,2010,2(2):1-5.
[5] 李晓军,田吟雪,陈树汪,等.建筑信息模型(BIM)技术在隧道工程中应用现状与分析[J].隧道建设(中英文),2020,40(7):953-963.
[6] 李建成.建筑信息模型与建设工程项目管理[J].项目管理技术,2006(1):58-60.
[7] 王建伟,高超,董是,等.道路基础设施数字化研究进展与展望[J].中国公路学报,2020,33(11):101-124.
[8] 徐志刚,李金龙,赵祥模,等.智能公路发展现状与关键技术[J].中国公路学报,2019,32(8):1-24.
[9] 任浩,唐晨.高速铁路山岭隧道衬砌病害成因分析及防治措施[J].施工技术,2020,49(S1):766-768.
[10] 王新刚.隧道计算机辅助设计系统的设计与实现[D].南京:东南大学,2018.
[11] 孙瑞义,黄帅.复杂山岭隧道施工风险管理与控制措施[J].科学技术与工程,2021,21(11):4627-4633.
[12] 何守旺.铁路隧道洞口三维设计系统研究与实现[J].铁道标准设计,2022,66(11):108-113.
[13] 朱登滔.公路隧道设计与施工要点控制[J].四川水泥,2022(5):249-251.
[14] 闫智.基于 BIM 的铁路隧道洞门辅助设计方法探究[D].昆明:昆明理工大学,2019.
[15] 王新林.铁路隧道工程辅助设计系统的设计与实现[J].铁道工程学报,2011,28(12):80-83+88.
[16] 李怀鉴,马志富.高速铁路隧道复杂地质条件下浅埋偏压洞口设计研究[J].铁道标准设计,2013(5):94-97.
[17] 黄琦茗,仇文革,万世付,等.基于 MicroStation 的隧道帽檐斜切式洞门参数化建模研究[J].隧道建设(中英文),2020,40(11):1602-1606.
[18] 杨建国.公路山岭隧道施工期衬砌及结构系统可靠性研究[D].西安:长安大学,2011.
[19] 陈特,邓云瑞,谢道强,等.隧洞围岩稳定性及支护时机分析[J].水力发电,2022,48(8):61-65.
[20] 姚军,王睿,夏道洪,等.隧道围岩分级研究进展综述[J].公路,2021,66(8):367-372.

[21] 曹晖,王琦,杨建国,等.公路山岭隧道衬砌结构补漏技术研究进展[J].现代隧道技术,2012,49(3):18-24.

[22] 罗登昌,韩旭,于起超,等.基于CATIA三维地质模型属性可视化表达研究与开发[J].水利技术监督,2022(2):50-54.

[23] 武强,李喜平,任娟慧,等.基于GIS的露天矿区三维地形建模及地形要素分析[J].西部资源,2022(2):142-144.

[24] 义崇政,廉光伟,付海龙,等.三维地形实体模型自动建模技术研究[J].测绘地理信息,2017,42(3):29-33.

[25] 鲍晨兴,王锴磊,郭天茂.三维引擎AnyCAD在坐标测量软件开发中的应用研究[J].测控技术,2021,40(7):90-93+99.

[26] 杨乐,韩升杰,陈伟,等.基于Open CASCADE的三维模型软件的开发与研究[J].机械工程师,2015(12):43-45.

[27] 杨虎斌.基于几何引擎库Open CASCADE的三维建模软件的实现[D].兰州:兰州大学,2015.

[28] 张宜洛,邓展伟,郭创.基于BIM技术的公路工程正向设计应用探究[J].公路,2020,65(9):176-183.

[29] 戈普塔,张筱筱,李强.基于工作空间的复杂公路工程BIM交付研究[J].公路,2021,66(12):239-245.

[30] 黄维科,马建云,张利斌,等.Ⅳ级围岩隧道大型机械化施工与安全步距分析[J].公路,2021,66(6):385-390.

[31] 段晓晨,喇海霞,刘晓庆.基于ILS、BPNN的隧道工程设计方案智能优化研究[J].铁道工程学报,2021,38(3):48-52+101.

[32] 朱永学,张向军,张家宝,等.基于Civil 3D+Revit+Dynamo的公路隧道参数化建模方法研究[J].隧道建设(中英文),2020,40(S2):109-115.

[33] 朱德庆,李涛,姚剑,等.基于BIM的山岭隧道施工信息化管理系统研发与应用[J].隧道建设(中英文),2020,40(S2):216-224.

[34] 廖峻,丁浩,夏诗画.BIM技术在金门特长隧道中的应用研究[J].公路,2020,65(4):373-377.

[35] 程方圆,姚国明,奎永才,等.集成GIS/BIM的公路隧道数字化管理研究及应用[J].隧道建设(中英文),2019,39(12):1973-1980.

[36] 吴继峰,黄冉,王鹤霖.BIM技术在公路隧道工程设计中的应用探索[J].隧道建设(中英文),2019,39(S1):310-320.

[37] 张峰,刘向阳,戈普塔,等.基于知识库的桥梁BIM模型检查技术研究[J].公路,2023,68(1):217-223.

[38] 梁才,王长海.公路工程信息模型标识编码结构研究[J].深圳大学学报(理工版),2022,39(4):424-431.

[39] 杨军海,张峰,苏凡.桥梁工程信息模型分类与编码研究[J].公路,2018,63(12):

102-106.

[40] 张峰,刘向阳,戈普塔.公路工程信息模型分类与编码研究[J].公路,2017,62(10):180-184.

[41] 张倩,陈志华.树状结构组成、编码及分类[J].空间结构,2013,19(4):3-10+33.

[42] 李贞蓉.隧道工程中建筑信息模型技术的应用现状与分析[J].防灾减灾工程学报,2023,43(1):192.

[43] 周滨.BIM+IoT技术在隧道下穿既有BRT工程中的应用研究[J].公路,2022,67(11):267-270.

[44] 马建雄,明镜,郭微,等.山地城市越岭隧道工程勘察信息模型制作与应用[J].重庆大学学报,2022,45(S1):33-37.

[45] 高玮,汪义伟,葛双双,等.矿山法隧道BIM建模技术研究[J].地下空间与工程学报,2022,18(4):1305-1316.

[46] 智鹏,解亚龙,史天运.隧道工程数字信息化施工关键技术及应用[J].铁道标准设计,2022,66(10):112-116.

[47] 岳川,张凯,区穗辉.城市信息模型在盾构法隧道工程中的应用[J].城市轨道交通研究,2021,24(7):225-229.

[48] 秦海洋,汤永净,陈智远.基于CATIA的BIM技术在隧道设计中的应用[J].重庆交通大学学报:自然科学版,2021,40(7):82-87.

[49] 宋战平,史贵林,王军保,等.隧道工程BIM技术标准化及信息集成化管理研究[J].地下空间与工程学报,2021,17(2):556-566.

[50] 张文胜,郝孜奇,王丙占,等.基于点云的隧道改建工程BIM建模方法与实践[J].长安大学学报(自然科学版),2021,41(1):59-68.

[51] 刘星宏,林达明,俞缙,等.BIM技术在国内隧道工程中的应用[J].现代隧道技术,2020,57(6):25-35.

[52] 朱德庆,李涛,姚剑,等.基于BIM的山岭隧道施工信息化管理系统研发与应用[J].隧道建设(中英文),2020,40(S2):216-224.

[53] 万世付,仇文革,黄琦茗,等.BIM技术在隧道工程全生命期的应用研究[J].现代隧道技术,2020,57(S1):63-69.

[54] 李德军,张清照,潘青.BIM在大跨度城市山岭隧道中的应用研究[J].现代隧道技术,2020,57(S1):70-77.

[55] 王超,周磊生,徐润,等.BIM施工综合管理平台在隧道工程中的应用研究[J].重庆交通大学学报(自然科学版),2020,39(9):74-79+87.

[56] 戴林发宝.铁路隧道工程系统分解结构(EBS)标准及应用研究[J].铁道标准设计,2021,65(5):124-128.

[57] 曹建涛,王磊,许泽琪,等.山岭隧道衬砌结构BIM建模方法研究与应用[J].公路,2020,65(8):386-389.

[58] 中华人民共和国住房和城乡建设部.建筑信息模型设计交付标准:GB/T 51301—2018

[S].北京:中国建筑工业出版社,2019.

[59] 中华人民共和国住房和城乡建设部.建筑信息模型分类和编码标准:GB/T 51269—2017[S].北京:中国建筑工业出版社,2018.

[60] 中华人民共和国交通运输部.公路工程信息模型应用统一标准:JTG/T 2420—2021[S].北京:人民交通出版社股份有限公司,2021.

[61] 中华人民共和国交通运输部.公路工程设计信息模型应用标准:JTG/T 2421—2021[S].北京:人民交通出版社股份有限公司,2021.

[62] 中华人民共和国交通运输部.公路工程施工信息模型应用标准:JTG/T 2422—2021[S].北京:人民交通出版社股份有限公司,2021.

[63] 中华人民共和国国家质量监督检验检疫总局.信息分类和编码的基本原则与方法:GB/T 7027—2002[S].北京:中国标准出版社,2002.

[64] 中华人民共和国住房和城乡建设部.建筑信息模型应用统一标准:GB/T 51212—2016[S].北京:中国建筑工业出版社,2017.